太陽の心で
忘れ得ぬ旅

第5巻

池田大作

潮出版社

目次

装幀・本文デザイン
金田一亜弥
高畠なつみ（金田一デザイン）
写真
聖教新聞社

青《あお》森《もり》

道《みち》開《ひら》く 不《ふ》屈《くつ》の歌《うた》声《ごえ》

（二〇一五年七月号）

新《あら》たなる
郷土《きょうど》の栄《さか》えの
道《みち》開《ひら》け
友《とも》の笑《え》顔《がお》を
胸《むね》に光《ひか》らせ

友との語《かた》らいのなかで、〝お国自慢《くにじまん》〟は楽《たの》しく会話《かいわ》が弾《はず》む一時《ひととき》でしょう。私もよく、「ふるさとの名物《めいぶつ》を三つ教《おし》えてください。特産《とくさん》でも、風景《ふうけい》でも、人物《じんぶつ》でも、何《なん》でも結構《けっこう》です」と尋《たず》ねます。率直《そっちょく》な答《こた》えに新鮮《しんせん》な発見《はっけん》があり、生《い》きた勉強《べんきょう》になるからです。また、わがふるさとを愛《あい》し、誇《ほこ》りとする、相手《あいて》の方《かた》の温《あたた》かな人間味《にんげんみ》に触《ふ》れることもで

生き生きとした緑に包まれて、煌めく十和田湖。
天空の色彩を映す湖面に、船が大きくVサインを描く（著者撮影）

きるからです。

なかでも、東北《とうほく》の方々《かたがた》との「ふるさと談義《だんぎ》」は尽《つ》きることがありません。

とりわけ、「たんげ好《す》きなんだばって（とても大好きなんだ）」と、麗《うるわ》しき郷土愛《きょうどあい》に満《み》ちているのが、青森です。

「郷土に関《かん》する意識調査《いしきちょうさ》」等では、自分《じぶん》の住《す》む市町村《しちょうそん》に「愛着《あいちゃく》がある」「どちらかと言《い》えば愛着がある」と答えた人《ひと》の割合《わりあい》が、約《やく》九割にも上《のぼ》るといいます。※1

私も青森が大好きです。青森の友の心の温《ぬく》もりに感《かん》動《どう》を覚《おぼ》えた思《おも》い出《で》は、数《かぞ》え切《き》れません。

もう半世紀《はんせいき》以上《いじょう》も前《まえ》になりますが、厳寒《げんかん》の二月、八《はち》戸《のへ》市《し》から秋田県《あきたけん》の大館市《おおだてし》に列車《れっしゃ》で向《む》かう途中《とちゅう》、乗《の》り換《か》えのため、青森駅《えき》に降《お》り立《た》った時のことです。

私たち一行《いっこう》の旅路《たびじ》を案《あん》じて、旧友《きゅうゆう》夫妻《ふさい》が、作《つく》りたてのおにぎりが沢山《たくさん》入《はい》った竹籠《たけかご》を差《さ》し入《い》れてくれました。

皆《みな》でいただいた真心《まごころ》の美味《びみ》の記憶《きおく》は、今《いま》も消《き》えることはありません。

青森駅の近《ちか》くにあって、地域《ちいき》の方々の拠《よ》り所《どころ》となっていた、この旧友夫妻のお宅《たく》には、私も、確《たし》か二度《ど》、お伺《うかが》いしています。

かつて夫人は、自分を消極的《しょうきょくてき》な「意気地無《いくじな》し」だと思っていたようです。しかし、友に励《はげ》まされ、弱《よわ》い自分に勝《か》とうと決《き》めました。そして、自分も、縁《えん》する人も、一緒《いっしょ》に幸福《こうふく》になっていくのだと、郷土への貢献《こうけん》を積《つ》み重《かさ》ねてきたのです。

大勢《おおぜい》の前で話《はな》すのは苦手《にがて》でも、動《うご》くことには自信《じしん》があると、地域を歩《ある》きに歩きました。

悩《なや》んでいる人を放《ほう》っておけないと、雪《ゆき》が積もっていても、飛《と》び出《だ》して面倒《めんどう》を見《み》ました。一度《ひとたび》、友の悩みに耳《みみ》を傾《かたむ》けたら、解決《かいけつ》するまで粘《ねば》り強《づよ》く寄《よ》り添《そ》っていくことが、身上《しんじょう》でした。

「隣《となり》の木《き》を見るより、自分の根《ね》を深《ふか》く張《は》ってこそ、大《おお》きくなれる」と、母《はは》のように、姉《あね》のように諭《さと》すこともありました。

自《みずか》らはバセドー病《びょう》を克服《こくふく》すると、いっそうこまやかに友の激励《げきれい》に尽くしました。「郷土のみんなに支《ささ》えられて、今の私があります。これからが恩返《おんがえ》しです」と。

女性《じょせい》の皆さんが「何《なに》があっても、けっぱるべし（頑張《がんば》ろう）！」と決意《けつい》し、励ます声《こえ》は、家族《かぞく》にも、隣人《りんじん》にも、友人《ゆうじん》にも、どれほど勇気《ゆうき》を送《おく》り、どれほど心豊《ゆた》かに生《い》き抜《ぬ》く力《ちから》を広《ひろ》げていくことでしょうか。

「思いやり、親切《しんせつ》、愛は、使《つか》えば使うほどふえる財産《ざいさん》だ」※2とは、青森市出身《しゅっしん》の児童文学《じどうぶんがく》者《しゃ》・北畠八穂《きたばたけやほ》さんの言葉《ことば》です。

わが街《まち》に
清《きよ》き心の
母ありて
幸《さち》の旗《はた》立ち
宮殿《きゅうでん》かがやく

青森の大自然《だいしぜん》は、北国《きたぐに》の厳《きび》しさに鍛《きた》え抜かれた、強く奥深《おくぶか》い美《び》に彩《いろど》られ、豊かな心を育《はぐく》みます。

東《ひがし》に太平洋《たいへいよう》、西《にし》に日本海《にほんかい》、北《きた》に津軽海峡《つがるかいきょう》と、三方《ぽう》に青《あお》き海原《うなばら》が開けた天地《てんち》に、四季《しき》の絵《え》巻《まき》が織《お》り成《な》されていきます。たとえば——

春《はる》は、世界一長《せかいいちなが》い、弘前《ひろさき》の爛漫《らんまん》の桜並木《さくらなみき》
夏《なつ》は、津軽富士《ふじ》（岩木山《いわきさん》）を染《そ》め上《あ》げる青葉《あおば》の茂《しげ》り
秋《あき》は、世界遺産《いさん》・白神山地《しらかみさんち》に燃《も》え上がる紅葉《こうよう》

冬《ふゆ》は、浅所海岸《あさどころかいがん》等の白鳥《はくちょう》の優雅《ゆうが》な舞《まい》
晩秋《ばんしゅう》に十和田《とわだ》を訪《おとず》れた折《おり》、初雪《はつゆき》で、紅葉の世界が一転《いってん》して白銀《はくぎん》の世界になり、目《め》を見張ったことがあります。そうした自然の劇《げき》とともに、変化《へんか》にも動《どう》じない、わが友たちの逞《たくま》しく朗《ほが》らかな顔《かお》が思い出されます。

青森の方々が、苦労《くろう》を重ね、心血《しんけつ》を注《そそ》いで、もたらしてくださる大地《だいち》と大海《たいかい》と湖《みずうみ》の恵《めぐ》みは、私たちの命《いのち》を支える、かけがえのない宝《たから》です。

古来《こらい》、冷害《れいがい》や凶作《きょうさく》、飢饉《ききん》との戦《たたか》いがありました。そのなかで、江戸時代《えどじだい》、八戸に住んだ思想家《しそうか》・安藤昌益《あんどうしょうえき》は、稲《いね》のことを「命根《いのちのね》」すなわち「命根《いね》」と呼《よ》んで、※3 農《のう》に勤《いそ》しむ人々を最大《さいだい》に尊重《そんちょう》しました。

また、江戸から明治《めいじ》へ、新渡戸傳《にとべつとう》、十次郎《じゅうじろう》、七郎《しちろう》の三代《だい》を中心《ちゅうしん》に団結《だんけつ》した人々は、三本《さんぼん》木原《ぎはら》の開拓《かいたく》に挑《いど》み、豊饒《ほうじょう》な沃野《よくや》に蘇《よみがえ》らせました。そして、工藤轍郎《くどうてつろう》は、〝農を改善《かいぜん》し、収穫《しゅうかく》を増加《ぞうか》させるのは、土地《とち》ではなく、人である〟※4との信念《しんねん》で、荒屋平《あらやたい》の開拓事業《じぎょう》を成《な》し遂《と》げていったのです。

農漁業《のうぎょぎょう》を営《いとな》む、私の誉《ほま》れの友人たちも、こうした先人《せんじん》の心を受《う》け継《つ》ぎ、冷害に強い農の研究《けんきゅう》、ニンニクに代表《だいひょう》される厳しい環境《かんきょう》に適《てき》した作物《さくもつ》の栽培《さいばい》など、創意工夫《そういくふう》を重ねていま

長年、青森の繁栄に尽くしてきた友と。
心通う笑顔の出会い（1994年8月）

す。スルメイカの漁《りょう》に励む、中泊町《なかどまりまち》の友からも、浜《はま》の資源《しげん》保護《ほご》や水産加工《すいさんかこう》システムの開発《かいはつ》に積極果敢《せっきょくかかん》に取《と》り組《く》む近況《きんきょう》を伺いました。

皆、地域の人々と共《とも》に学《まな》び、互《たが》いに助《たす》け合《あ》い、知恵《ちえ》と力を合わせ、魅力《みりょく》あふれる郷土づくりに挑戦《ちょうせん》しているのです。

ふるさとを
　豊かに耕《たがや》す
　　労苦《ろうく》から
　　　心の宝の
　　　　実《みの》りも満ちゆく

五戸町《ごのへまち》の農家《のうか》の女性は、ポリオ（小児《しょうに》まひ）による障《しょう》がいを右足《みぎあし》に抱《かか》えながらも、毎日《まいにち》、畑《はたけ》に立ちました。しかし、不作《ふさく》が続《つづ》き、義父《ぎふ》の多額《たがく》の借金《しゃっきん》も負《お》って、家《いえ》も土地も手放《てばな》さざるを得なくなったのです。

その時、七人《にん》の子《こ》どもたちを心の支えとし、夫《おっと》と共に、この五戸の地で勝利《しょうり》の証《あか》しを残《のこ》そうという志《こころざし》を掲《かか》げました。何はなくとも希望《きぼう》がありました。それゆえ家族には、移《うつ》り住んだ雨漏《あまも》りする小屋《こや》も、笑《わら》い声の絶《た》えない宮殿となりました。

家族で団結して懸命《けんめい》に働《はたら》き、借金も完済《かんさい》し、希望の体験《たいけん》を友に語り広げています。

日本で最初《さいしょ》の「家計簿《かけいぼ》」を考案《こうあん》したとされる教育者《きょういくしゃ》・羽仁《はに》もと子さん（八戸市出身）は語りました。

「人は皆その行き詰《づ》まりを打《う》ち開くべき、貴《とうと》い使命《しめい》を負わされているのです。その打ち開きつつ進《すす》む一歩《いっぽ》一歩が光栄《こうえい》ある生涯《しょうがい》であり、希望《のぞみ》の花《はな》さく人生《じんせい》であります」[※5]と。

日本の〝命の根〟である青森が、今年《ことし》も豊作《ほうさく》であれ！　豊漁《ほうりょう》であれ！　そして大事《だいじ》な大事な青森家族に希望の花咲きゆけ！　と、私は妻《つま》と、日々《ひび》、祈《いの》っています。

青き森《もり》
青葉の光彩《こうさい》
青き海《うみ》
いのち煌《きら》めく
青春《せいしゅん》たたえて

私は友人たちと、いつも「青森の〝青〟は青年《せいねん》、〝森〟は人材《じんざい》の森」と語り合ってきました。

東北町《とうほくまち》生《う》まれの青年詩人《しじん》・大塚甲山《おおつかこうざん》は、長い歳月《さいげつ》の風雪《ふうせつ》を生き抜いた大樹《たいじゅ》を讃《たた》えました。[※6]

大樹は、涼《すず》しい木陰《こかげ》に人を憩《いこ》わせ、爽《さわ》やかな青葉で心を清め、毅然《きぜん》と立つ姿《すがた》で、皆を勇気づけます。

大樹は、いつも向上《こうじょう》しているから、誇り高《たか》い。

渓流《けいりゅう》は、常《つね》に前進《ぜんしん》しているから、清冽《せいれつ》である。

そうした大樹が林立《りんりつ》する奥入瀬《おいらせ》の渓流を、友と散策《さんさく》したことも、実《じつ》に清々《すがすが》しい一時でした。

私には、この奥入瀬の清冽な流《なが》れや、青き十和田湖《とわだこ》の煌《きら》めきを、営々《えいえい》として守《まも》り抜いてこられた尊《とうと》い志と努力《どりょく》が深く偲《しの》ばれました。その環境保護運動《うんどう》の先頭《せんとう》に立ってきた友も、環境の美《うつく》しさとともに、地元《じもと》の方々の清い心を誇りとしています。

五所川原《ごしょがわら》市が生んだ太宰治《だざいおさむ》の青春文学《ぶんがく》の一節《いっせつ》が思い起《お》こされます。

「献身《けんしん》とは、わが身《み》を、最《もっと》も華《はな》やかに永遠《えいえん》に生かす事《こと》である」[※7]と。

青森に脈打《みゃくう》っている創造性《そうぞうせい》の息吹《いぶき》にも、私は惹《ひ》かれます。

光射す緑の奥には一筋の美しい白滝。
奥入瀬渓流沿いには多くの滝が輝き流れ、
瑞々しい詩情があふれている（著者撮影）

棟方志功画伯《むなかたしこうがはく》は、郷土の海《うみ》や山《やま》に感動して、生命《せいめい》の喜《よろこ》びを知《し》りました。

ねぷた、ねぶたなどの伝《でん》統文化《とうぶんか》を飾《かざ》る絵《え》から、芸術《げいじゅつ》の喜びを知りました。

さらに、郷土の負《ま》けじ魂《だましい》である〝じょっぱり精神《せいしん》〟から、強く生きる喜びを知りました。

そして、「あつい太陽の心」※8を燃やし、郷土の苦難《くなん》の歴史《れきし》を「でんぐり返して、あふれるものに、幸《さいわ》いなものにする」※9ことを願《ねが》いつつ、不朽《ふきゅう》の創造を実現《じつげん》していったのです。

私にとって、友に「駒踊《こまおど》り」「津軽じょんがら節《ぶし》」を披露《ひろう》してもらったことも懐《なつ》かしい。「津軽三味線《じゃみせん》」で日本を代表する演奏者《えんそうしゃ》となって、世界に交流《こうりゅう》を広げている若《わか》き友もいます。

工芸品《こうげいひん》の「津軽塗《ぬり》」で、多様《たよう》な技法《ぎほう》等が生み出され、継承《けいしょう》と発展《はってん》を続けていることも、青森に流れる創造力の象徴《しょうちょう》でありましょう。

また、今いる、その環境から、喜びと安《やす》らぎと楽しさを紡《つむ》ぎ出す女性こそ、人間文化の担《にな》い手《て》です。

伝統の「こぎん刺《ざ》し」の着物《きもの》は、庶民《しょみん》の女性が、布目《ぬのめ》の粗《あら》い麻布《あさぬの》を、もっと温かく、もっと奇麗《きれい》にできるよう工夫して作り上げてきた仕事着《しごとぎ》であり、晴《は》れ着《ぎ》でもあったといいます。その模様《もよう》も多彩《たさい》です。

「価値《かち》あるものは女性の生産《せいさん》によるものが多《おお》い」※10とは、経済学者《けいざいがくしゃ》・佐々木多門《ささきたもん》（平内町《ひらないまち》出身）の至言《しげん》です。

まさしく、女性が生き生きと活躍《かつやく》できる郷土には、必《かなら》ず価値ある明日《あす》が創造されていくでしょう。

いずこにも
根を張り
喜び　作りゆく
女性の知恵こそ
文化の極致《きょくち》か

弘前藩《ひろさきはん》の藩校《はんこう》・稽古館《けいこかん》や、その後継《こうけい》の東奥義塾《とうおうぎじゅく》は、積極的に新《あたら》しい西洋《せいよう》の学問《がくもん》を取り入れる開拓精神も光り、多くの青年を育《そだ》ててきました。

私にとって、青森の可憐《かれん》な子どもたち、そして青年たちとの交流は、黄金《おうごん》の歴史です。

成人式《せいじんしき》を迎《むか》えた、凜々《りり》しい青年たちとの記念写真《きねんしゃしん》は、今も大事にとってあります。

以前《いぜん》、下北半島《しもきたはんとう》の中学生《ちゅうがくせい》の皆さんが、陸奥湾《むつわん》をバックに写真を撮《と》り、送ってくれたことがあります。私は、本《ほん》に「成長《せいちょう》と栄光《えいこう》を　ぼくはいつも祈ろう」「十年後《ご》に必ず会《あ》おう」と記《しる》し、贈《おく》りました。約束通《やくそくどお》り、十年後、立派《りっぱ》に成長した友たちと、青森市で会うことができました。本当《ほんとう》に嬉《うれ》しい再会《さいかい》でした。

その一人《ひとり》は、私が創立《そうりつ》した創価大学《そうかだいがく》を卒業《そつぎょう》し、小学校《しょうがっこう》の校長《こうちょう》となりました。「子どもの可能性《かのうせい》を信《しん》じ抜く。一人を大切《たいせつ》にする。人生を戦い抜けるように、何度《なんど》も何度も励ましていく」との信条《しんじょう》で、教育にも地域貢献にも夫妻で奔走《ほんそう》してくれています。

また、私が見守ってきた友が店長《てんちょう》を務《つと》める八戸のスーパーは、東日本大震災《ひがしにほんだいしんさい》の際《さい》にも、人々の生活を厳然《げんぜん》と守るライフラインとなり、地域を灯台《とうだい》のように照《て》らしてきました。

昨夏《さっか》、青森では、青年の文化の祭典《さいてん》が行《おこな》われました。友のため、郷土のために、夢《ゆめ》を抱《いだ》いてチャレンジし、道を開き、自分らしく輝《かがや》こうとの姿に、先輩方《せんぱいがた》も大喝采《だいかっさい》だったといいます。

「青年盛《ざか》り」の「青盛（あおもり）」に、未来《みらい》への期待《きたい》は、さらに高まっています。

今日《きょう》も、わが愛する青森家族は、若々しい歌声を響《ひび》かせ、困難《こんなん》の山を越《こ》えて、幸福の道、繁栄《はんえい》の道、平和《へいわ》の道を開き、広げています。私は、ふるさと青森のお国自慢の一つに、この不屈の歌声をあげたいのです。

風雪の
試練《しれん》の彼方《かなた》に
咲《さ》き薫《かお》れ
リンゴの花々
春の微笑《ほほえ》み

メキシコ

詩心《しごころ》の国《くに》に〝希望家族《きぼうかぞく》〟の曲《きょく》

（二〇一四年七月号）

大宇宙《だいうちゅう》
見《み》つめる心も
輝《かがや》きて
あの星《ほし》 この星
わが友《とも》 家族か

心は、宇宙よりも広《ひろ》い。

心を大《おお》きく開《ひら》けば、太陽も月《つき》も、星たちさえも、わが友となり、わが家族となります。

耳《みみ》を澄《す》ませば、天座《てんざ》の彼方《かなた》から、輝く励《はげ》ましの言葉《ことば》を聴《き》き取《と》ることもできるでしょう。

万物《ばんぶつ》に声《こえ》があり、自在《じざい》に語《かた》り合《あ》うことができる——これが詩心で結《むす》ばれた生命《せいめい》の世界《せかい》です。

メキシコ東部のベラクルス国際空港に集った地元の笑顔の友たちと一緒に。
「いつまでも力強く、生き抜いてください。太陽のように！」と励ましを（1996年6月）

メキシコの古代《こだい》マヤ文明《ぶんめい》は、天文台《てんもんだい》を設《もう》け、太陽や月、星の動《うご》きからメッセージを汲《く》み取り、一年をほぼ三百六十五日として暦《こよみ》を作《つく》りました。そして精確《せいかく》に季節《きせつ》の変化《へんか》を把握《はあく》し、農作業《のうさぎょう》を進《すす》めたといいます。

いわば、宇宙の妙《たえ》なるリズムと対話《たいわ》しながら、二千年にわたる文明の繁栄《はんえい》を築《きず》いたのです。

星々が織《お》りなす調《しら》べに共鳴《きょうめい》した、十七世紀《せいき》メキシコの詩心の女性《じょせい》ソル・ファナは、「どんなに威嚇《いかく》し強要《きょうよう》しようとも、わが精神《せいしん》の自由《じゆう》な働《はたら》きを抑《おさ》えることはできぬぞ」※1と綴《つづ》っています。

宇宙と共《とも》に、正《ただ》しく強《つよ》く生《い》き抜《ぬ》く心には、何《なに》ものにも縛《しば》られない、何ものにも屈《くつ》しない、自由自在の大境涯《だいきょうがい》が、限《かぎ》りなく広がっていくのです。

必《かなら》ずや
幸《さち》と栄《さか》えの
君《きみ》なれば
星空《ほしぞら》 仰《あお》ぎて
微笑《ほほえみ》 忘るな

メキシコの大詩人《だいしじん》レイエスは、「私の家《いえ》は地球《ちきゅう》である」と詠《えい》じました。

メキシコには、あらゆる人種《じんしゅ》・民族《みんぞく》・文化《ぶんか》を超《こ》えて、アミーゴ（友人《ゆうじん》）となり、家族のように親《した》しくする、開かれた気風《きふう》があります。「分離《ぶんり》したものを結合《けつごう》しよう」[※2]とする詩心があります。

自宅《じたく》に友人を迎《むか》える際《さい》には、「この家は、また、あなたのお住《す》まいでもあります」と言《い》って、もてなす。出会《であ》いの折《おり》には、「お元気《げんき》ですか」のやりとりの後《あと》、「ご家族はいかがお過《す》ごしですか」と添《そ》えるといった、こまやかな挨拶《あいさつ》がメキシコの礼儀《れいぎ》であると伺《うかが》いました。

開かれた心のメキシコは、日本と深《ふか》い交流《こうりゅう》の歴史《れきし》があります。

今年《ことし》は、東北《とうほく》・仙台藩《せんだいはん》の慶長遣欧使節《けいちょうけんおうしせつ》が太平洋《たいへいよう》を渡《わた》りメキシコに到着《とうちゃく》して四百周年《しゅうねん》。大《おお》地震《じしん》の後の復興《ふっこう》の指揮《しき》を執《と》る名君《めいくん》・伊達政宗公《だてまさむねこう》は、メキシコとの交易《こうえき》を構想《こうそう》していました。

近代《きんだい》、アジア以外《いがい》の国と日本が初《はじ》めて平等条約《びょうどうじょうやく》を締結《ていけつ》することができたのは、メキシコでした。中南米諸国《ちゅうなんべいしょこく》で真《ま》っ先《さき》に日本人移住者《いじゅうしゃ》を迎え入れてくれたのも、メキシコです。日本にとって大恩《だいおん》ある国なのです。

私の恩師《おんし》・戸田城聖《とだじょうせい》先生《せんせい》は、この太平洋で結ばれた隣国《りんごく》メキシコに強い関心《かんしん》を寄《よ》せておりました。幼《おさな》い頃《ころ》をメキシコで過ごした関西《かんさい》の女性にも、現地《げんち》の生活《せいかつ》や文化のことなどを、たびたび質問《しつもん》されていました。逝去《せいきょ》の直前《ちょくぜん》にも、私に「メキシコへ行《い》った夢《ゆめ》を見たよ」と語られたのです。

それだけに、一九六五年八月、メキシコを初訪問《はつほうもん》できた時《とき》には、恩師の笑顔《えがお》を思《おも》い描《えが》きつつ、感慨無量《かんがいむりょう》でした。

その際、首都《しゅと》のメキシコシティーを案内《あんない》してくださった日系移民《にっけいいみん》の友は、お世話《せわ》になったメキシコの方々《かたがた》の恩に夫妻《ふさい》で報《むく》いたいと、真剣《しんけん》に誓《ちか》っていました。

「私たちは、メキシコ社会《しゃかい》に、いったい何を残《のこ》したでしょうか。人々《ひとびと》を幸福《こうふく》にし、永久《えいきゅう》に残る生命の哲学《てつがく》を伝《つた》えていきたい。メキシコ国家《こっか》に、メキシコ人に、心から感謝《かんしゃ》を示《しめ》すために！」

良《よ》き市民《しみん》として、愛《あい》する郷土《きょうど》に貢献《こうけん》し続《つづ》けてきた、わが旧友《きゅうゆう》の忘れ得ぬ言葉です。

師弟《してい》して
海《うみ》越《こ》え　山《やま》越え
金《きん》の旅

南《なん》北《ぼく》アメリカ大《たい》陸《りく》の中《ちゅう》央《おう》に、約《やく》三千年も前《まえ》から文明を築いてきたとされるメキシコ――

その歴史は、長《なが》い激《げき》動《どう》の歩《あゆ》みでもありました。

世界最《さい》大《だい》級《きゅう》の都《と》市《し》メキシコシティーには、古代のアステカ帝《てい》国《こく》の繁栄と崩《ほう》壊《かい》、三百年におよぶスペイン帝国の植《しょく》民《みん》地《ち》支《し》配《はい》、十九世《せい》紀《き》のメキシコ独《どく》立《りつ》、二十世紀のメキシコ革《かく》命《めい》などの軌《き》跡《せき》が刻《きざ》まれています。

揺《ゆ》れ動く社会の変《へん》転《てん》のなかで、人々は、自《じ》分《ぶん》たちが立《た》ち返《かえ》るべき原《げん》点《てん》を探《たん》求《きゅう》しました。

そして、画《が》家《か》として名《な》高《だか》いフリーダ・カーロは、苦《く》悩《のう》との闘《たたか》いを通《とお》し、生き抜くための確《たし》かなる「根《ね》」を見《み》出《いだ》していきました。

それは、美《うつく》しいテワナ衣《い》装《しょう》に象《しょう》徴《ちょう》される民族の伝《でん》統《とう》です。さらに彼《かの》女《じょ》は、「希望の樹《き》は強い」[※3]「生命万《ばん》歳《ざい》」[※4]との信《しん》念《ねん》に至《いた》り、最《さい》晩《ばん》年《ねん》まで渾《こん》身《しん》の力《ちから》を奮《ふる》って、創《そう》造《ぞう》の人生を貫《つらぬ》いていったのです。

私と妻《つま》が知《し》るメキシコの女性たちも、「家《か》庭《てい》の太陽」「地《ち》域《いき》の太陽」をモットーとして、自身《じしん》の地域社会の人々に尽《つ》くしながら、希望みなぎる生命の讃歌《さんか》を謳《うた》い上《あ》げてきました。

不幸《ふこう》の原因《げんいん》を自分の外《そと》に求《もと》めるのでもない。自分の幸福ばかりを願《ねが》うのでもない。幸福は自分の心から生《う》まれる。人のために行動《こうどう》するなかで、必ず自他共《じたとも》に宿命《しゅくめい》を打開《だかい》していける。わが生命には、無限《むげん》の希望があるのだ——。

そう励まし合うメキシコの女性たちは、「共に生き、共に学《まな》び、共に成長《せいちょう》を！」と、まことに意気軒昂《いきけんこう》です。

1792年創立のグアダラハラ大学で記念講演。
講堂には巨匠オロスコの大壁画が（1981年3月）

我《われ》らには
　自由の太陽
　　輝きぬ
　不幸の鎖《くさり》を
　　断《た》ち切《き》り　愉快《ゆかい》に

一九八一年に再訪《さいほう》したメキシコでは、第二の都市グアダラハラにも足《あし》を運《はこ》ぶことができました。風光明媚《ふうこうめいび》な場所《ばしょ》にある友人のお宅《たく》におじゃまし、また、メキシコ最大のチャパラ湖近《こちか》くの大きな月桂樹《げっけいじゅ》の木陰《こかげ》で懇談《こんだん》したことも、名画《めいが》のように蘇《よみがえ》ります。

そうした〝希望家族〟との語らいでは、「心の財《たから》第一なり」と確認《かくにん》し合いました。

さらに、お招《まね》きいただいた名門《めいもん》グアダラハラ大学《だいがく》で、私は「メキシコの詩心に思うこと」と題《だい》して講演《こうえん》しました。「太陽と情熱《じょうねつ》の国」メキシコの人々は「どんな厳《きび》しい試練《しれん》に直面《ちょくめん》しても、心の根の部分《ぶぶん》では、優《やさ》しさや明《あか》るさ、あるいはそれに裏付《うらづ》けられた勇気《ゆうき》を手放《てばな》すことがなかった」と、内《うち》なる財《たから》にも光《ひかり》を当《あ》てたのです。

講演の会場《かいじょう》となった格式《かくしき》高い講堂《こうどう》を彩《いろど》っていたのは、メキシコの国民《こくみん》的画家オロスコの大壁画《だいへきが》です。

彼《かれ》が担《にな》い立ったメキシコ・ルネサンスは、自国《じこく》の自然、民衆《みんしゅう》、先住民《せんじゅうみん》の特質《とくしつ》を、古代からの伝統である壁画という方法《ほうほう》で描き、花《はな》開いた芸術運動《げいじゅつうんどう》です。

オロスコは、「壁画は、ある選《えら》ばれた少数者《しょうすうしゃ》の所有欲《しょゆうよく》のために秘蔵《ひぞう》されてしまうことはない。それは人民《じんみん》のものであり、すべての国民のものだ」[※5]と訴《うった》えていました。

私が民主音楽協会《みんしゅおんがくきょうかい》（民音《みんおん》）や東京富士美術館《とうきょうふじびじゅつかん》を創立《そうりつ》したのも、「芸術を民衆の手《て》に！」との願いからでした。

これまで民音で、世界最高峰《さいこうほう》のメキシコ国立《こくりつ》民族舞踊団《ぶようだん》をはじめメキシコの一流《いちりゅう》の芸術家を、十二回、日本に招《しょう》へいし、広く人々に民衆に紹介《しょうかい》できたことは、実《じつ》に嬉《うれ》しく光栄《こうえい》なことです。

喜《よろこ》びの
　力で生きぬけ
　　太陽も
　　　笑《わら》いでつつまむ
　　　　今日《きょう》も明日《あした》も

伝統の楽団《がくだん》マリアッチの演奏《えんそう》など、私とメキシコの友の交流には、いつも朗《ほが》らかな音楽や舞踊がありました。

そして、そこに、凜々《りり》しい青年《せいねん》、キラキラと瞳《ひとみ》輝く子《こ》どもたちがいました。この未来《みらい》の宝《たから》と、時に手品《てじな》を楽《たの》しみながら、一緒《いっしょ》に良き思い出を作ったものです。

社会に貢献《こうけん》してきたメキシコの旧友が、子宝《こだから》に恵《めぐ》まれないという悩《なや》みを話《はな》してくれたことがあります。

私は、その心情《しんじょう》を察《さっ》しつつも、あえて「お子さん方はいっぱいおられるではありませんか」と申《もう》し上げました。

旧友夫妻は、私の言わんとするところを汲《く》んでくださり、メキシコの未来を担う縁《えにし》ある青年、子どもたちを、皆《みな》、わが子として、激励《げきれい》し、育成《いくせい》してこられたのです。

アステカのことわざに「彼のお蔭《かげ》で私の顔《かお》が広まる」※6とあります。育《そだ》てた子どもが立派《りっぱ》になり、誇《ほこ》りとなるとの意味《いみ》です。

その通り、私と旧友たちが手を携《たずさ》えて大切にしてきた若《わか》い世代《せだい》が、今《いま》、陸続《りくぞく》と成長し、颯爽《さっそう》と活躍《かつやく》していることは、最大の誇りです。

グアダラハラで歓迎《かんげい》の花束《はなたば》を手渡してくれた六歳《さい》の少女《しょうじょ》らに、私は「うんと勉強《べんきょう》して、立派なメキシコの指導者《しどうしゃ》に育ってください」と語りました。彼女は、その後、大好《だいす》きな家族を不慮《ふりょ》の事故《じこ》で失《うしな》う悲劇《ひげき》に直面しました。しかし、私のもとに届《とど》いたのは、力強い決意《けつい》の便《たよ》りでした。涙《なみだ》を力に変《か》えて、夢であった弁護士《べんごし》になり、庶民《しょみん》の味方《みかた》として見事《みごと》に献身《けんしん》しています。

名門グアナファト大学総長《そうちょう》を務《つと》められたエルナンデス博士ご夫妻と深く一致《いっち》したことがあります。それは、青年を目的《もくてき》とし、青年の成長のために手助《てだす》けしていくことこそ、私たちの使命《しめい》であるということです。

メキシコからアメリカへ向かう機中より。
希望の翼は雲間を抜け、陽光まばゆい天空を進む(著者撮影)

グアダラハラ大学、グアナファト大学と創価《そうか》大学の教育《きょういく》交流も、絶《た》え間《ま》なく進んでいます。

幸《さち》の空
　幸の翼《つばさ》で
　　青春舞《せいしゅんまい》

一九七四年、八四年、航空機《こうくうき》の中継《ちゅうけい》地《ち》として、短時間《たんじかん》、メキシコに降《お》り立った際、真心《まごころ》あふれる友人たちが空港《くうこう》に駆《か》けつけてくれ、素晴《すば》らしい出会いを重《かさ》ねてきました。

一九九六年六月、メキシコ東部《とうぶ》のベラクルス国際《こくさい》空港でも、久方《ひさかた》ぶりに〝希望家族〟との感動《かんどう》の再会《さいかい》を果《は》たすことができました。

仏典《ぶってん》には「空飛《と》ぶ者《もの》の王《おう》たり鷲《わし》のごとし」とあります。

メキシコの宝友《ほうゆう》たちには、いつお会いしても、王者《おうじゃ》の鷲のごとく、向上《こうじょう》しゆく大いなる魂《たましい》の翼が光《ひか》っています。


恩師・戸田先生は一九五七年、絶対《ぜったい》の生命尊厳《そんげん》のうえから「原水爆禁止宣言《げんすいばくきんしせんげん》」を発表《はっぴょう》し、私たち青年に、核兵器《かくへいき》の廃絶《はいぜつ》を遺訓《いくん》として託《たく》されました。

世界に先駆《さきが》け、中南米地帯《ちたい》の核兵器の実験《じっけん》や使用等《しようとう》を禁止する条約（トラテロルコ条約）が調印《ちょういん》されたのは、それから十年後のことです。その調印をリードしたのが、メキシコでした。

核兵器の廃絶と反戦《はんせん》を訴える、私たちの展示《てんじ》やシンポジウムは、メキシコ外務省《がいむしょう》、地理《ちり》統計学会会館《とうけいがっかいかいかん》、メキシコ国立自治《じち》大学、メトロポリタン自治大学、メキシコ国立工科《こうか》大学、南《みなみ》バハカリフォルニア自治大学、バハカリフォルニア自治大学メヒカリ校《こう》などで開催《かいさい》されてきました。

今年の二月には、メキシコ政府主催《せいふしゅさい》の「核兵器の人道的影響《じんどうてきえいきょう》に関《かん》する国際会議《かいぎ》」が行《おこな》われ、関連行事《かんれんぎょうじ》として、わが後継《こうけい》の青年たちが制作《せいさく》した「核兵器なき世界への連帯《れんたい》」展《てん》が大きな反響《はんきょう》を呼《よ》びました。グアダラハラ大学の附属高校《ふぞくこうこう》でも、環境保護《かんきょうほご》のための展示が盛況《せいきょう》でした。

こうしたメキシコ各地《かくち》での展示の運営《うんえい》は、英邁《えいまい》な青年たちが〝今いる場所から、平和《へいわ》の光を放《はな》とう!〟との気概《きがい》で担ってくれています。

若き平和の希望の星たちは、満天《まんてん》のきら星のように、互《たが》いに照《て》らし合い、語り合いつつ、未来へスクラムを広げているのです。

メキシコの大思想家《だいしそうか》バスコンセロスは、「いかなる取《と》り組《く》みであれ、生産《せいさん》的あるいは創造的な営《いとな》みは、皆を喜びによって結びつけます」と語りました。

今日もまた、太陽と共に、星と共に、わが心の大宇宙を輝き光らせながら、平和を創造しゆく〝希望家族〟の歓喜《かんき》の歌を、轟《とどろ》かせていきたいものです。

希望あり
今日の前進《ぜんしん》
天の曲

和《わ》歌《か》山《やま》

幸《さち》の楽土《らくど》を若々《わかわか》しく！

（二〇一五年十一月号）

染《そ》め上《あ》げる
夕陽《ゆうひ》のごとく
柿《かき》の実《み》は
いのちの炎《ほのお》
惜《お》しまず燃《も》やして

実《みの》りの秋《あき》、万物《ばんぶつ》は何《なん》と鮮《あざ》やかに彩《いろど》られることでしょうか。それは、巡《めぐ》りゆく四季《しき》を越《こ》えてきた命《いのち》の証《あか》しと言《い》ってよいでしょう。

あの柿の妙《たえ》なる色《いろ》も、たくましい生命力《せいめいりょく》で生《い》き抜《ぬ》いた、誇《ほこ》り高《たか》き勝利《しょうり》の輝《かがや》きです。

そこには、太陽の光《ひかり》とともに、育《はぐく》む人《ひと》の真心《まごころ》と知恵《ちえ》も織《お》り成《な》されています。

本州・最南端の温暖な和歌山。白浜では、青き大海原をも庭として、心広がる、明るい語らいがはずむよう（著者撮影）

毎年《まいとし》、収穫《しゅうかく》を終《お》えた後、農家《のうか》の方々《かたがた》は、頑張《がんば》って実をつけてくれた柿の木《き》への〝御礼〟として、栄養《えいよう》となる肥料《ひりょう》を施《ほどこ》されると聞《き》きました。

生命と生命が力《ちから》を合《あ》わせて豊《ゆた》かな実りをもたらし、それがまた他の生命を養《やしな》う。柿の赤《あか》さは、調和《ちょうわ》の色、平和《へいわ》の色とも言えましょう。

この柿の日本随一《ずいいち》の産地《さんち》が、和歌山です。

若《わか》き日《ひ》に和歌山市、田辺《たなべ》市、白浜町《しらはまちょう》を訪《おとず》れ、大阪《おおさか》へ向《む》かう折《おり》、水上飛行機《すいじょうひこうき》の窓《まど》から、十一月の紀伊半島《きいはんとう》と海《うみ》を眺《なが》めた感動《かんどう》を忘れることができません。さながら一幅《いっぷく》の名画《めいが》でした。できることならば、この絶景《ぜっけい》の色彩《しきさい》を絵葉書《えはがき》にして留《とど》めたい。そして、和歌山を愛《あい》してやまなかった私の恩師《おんし》・戸田城聖先生《とだじょうせいせんせい》に、また、日本中の親《した》しき友《とも》に見《み》せてあげたいと思《おも》ったものです。

和歌山には、みかんや梅《うめ》や八朔《はっさく》など、他にも日本一を誇る、恵《めぐ》みの木々が広《ひろ》がっています。

古来《こらい》、「木の国《くに》」紀州《きしゅう》として知《し》られ、県土《けんど》の八割近《わりちか》くが山林《さんりん》です。紀州産の木材《もくざい》は、「強《つよ》い」「美《うつく》しい」「長持《ながも》ち」という特徴《とくちょう》があるとされます。それは、温暖多雨《おんだんたう》の気候《きこう》を活《い》かすと同時《どうじ》に、厳《きび》しい台風《たいふう》にも負《ま》けず、長《なが》い年月《ねんげつ》にわたって、工夫《くふう》を凝《こ》らし、忍耐《にんたい》強く樹木《じゅもく》を育《そだ》て上げてきた、尊《とうと》き林業《りんぎょう》の結晶《けっしょう》です。

その芯《しん》の強さは、紀州人の屹立《きつりつ》した人格《じんかく》にも通《つう》じましょう。

烈風《れっぷう》に
　怯《ひる》まず恐《おそ》れず
　　根《ね》を張《は》りて
　伸《の》びゆく大樹《たいじゅ》の
　　　年輪《ねんりん》　美《うつく》し

和歌の山とも呼《よ》ばれるように、『万葉集《まんようしゅう》』や『古今和歌集《こきんわかしゅう》』などに多《おお》く詠《うた》われた和歌山の風光《ふうこう》は、青春時代《せいしゅんじだい》からの憧《あこが》れでした。

『古今和歌集』には、「生きとし生けるもの、いづれか歌《うた》をよまざりける」※1とあります。和歌浦の青《あお》き海原《うなばら》も、紀ノ川《きのかわ》の滔々《とうとう》たる流《なが》れも、紀州富士《ふじ》（龍門山《りゅうもんざん》）の緑《みどり》の山並みも、あらゆるものが若々しく輝き、喜《よろこ》びの歌を生き生きと詠っています。

まさに「輝《き》の国」であり、「喜《き》の国」です。

私は、詩情《しじょう》あふれる和歌山の友と語《かた》り合《あ》いました。

――水《みず》が美しい。自然《しぜん》が美しい。人の心も美しい。この和歌山の名《な》のごとく、若々しく、明《あか》るく、清《きよ》く生きていこうよ。山の頂《いただき》のように最高峰《さいこうほう》の楽土を共《とも》に築《きず》いていこうよ、と。

友人《ゆうじん》たちと散策《さんさく》した和歌山城址《じょうし》も、思い出の地《ち》です。

和歌山城は、天守《てんしゅ》も石垣《いしがき》も、たびたび、改修《かいしゅう》・建て直《なお》しをしてきました。災害《さいがい》や空襲《くうしゅう》による焼失《しょうしつ》という苦難《くなん》も越えて、最後《さいご》は市民《しみん》の力で復元《ふくげん》され、壮麗《そうれい》な姿《すがた》を取《と》り戻《もど》しています。

紀州徳川家《とくがわけ》が生《う》んだ江戸幕府中興《えどばくふちゅうこう》の祖《そ》・徳川吉宗《よしむね》の歩《あゆ》みも偲《しの》ばれました。

吉宗は、行き詰《づ》まった社会《しゃかい》を「建て直す」※2と表明《ひょうめい》し、人材《じんざい》を登用《とうよう》して享保《きょうほう》の改革《かいかく》を断行《だんこう》しました。「瑣末《さまつ》なことまで気《き》を配《くば》り、気が休《やす》まることはない」※3連続《れんぞく》であったといいます。

人生《じんせい》も地域《ちいき》社会も困難《こんなん》の連続かもしれません。しかし、そのたびに「建て直そう」「改革しよう」「再《ふたた》びチャレンジしよう」という情熱《じょうねつ》があるところが栄《さか》えていくのではないで

夕陽の輝きのなかに、大空と太平洋が溶け込むような、
幻想的な光景(著者撮影、白浜町)

しょうか。

最《もっと》も永続的《えいぞくてき》な城《しろ》とは、新《あたら》しい挑戦《ちょうせん》を続《つづ》ける勇《ゆう》気《き》と根気《こんき》のある人材の城でありましょう。

わが友が
　勇気の歌も
　　朗《ほが》らかに
幸の城をば
　　築く嬉《うれ》しさ

すさみ町《ちょう》には「婦夫波《めおとなみ》」と呼ばれる名所《めいしょ》があると聞きました。海峡《かいきょう》で、左右《さゆう》からの波が寄《よ》り添《そ》うように合わさる光景《こうけい》を、仲《なか》よき夫婦《ふうふ》に譬《たと》えたというのです。しかも女性《じょせい》の方を重《おも》んじて、「婦夫《めおと》」としている、と。

和歌山市《し》に生まれた大実業家《だいじつぎょうか》の松下幸之助《まつしたこうのすけ》先

生も、奥様《おくさま》に大《おお》きな敬意《けいい》を表《ひょう》されていました。そして真剣《しんけん》に、「成功《せいこう》しているところは、みな夫婦仲よくしておられる」※4と言われていました。

私と妻《つま》が知る和歌山の女性は、まだ暗《くら》いうちから起《お》き、夫《おっと》と一緒《いっしょ》に堅実《けんじつ》に働《はたら》いてきました。お子《こ》さんは六人《にん》。幼子《おさなご》を背《せ》に、また手《て》を引《ひ》きながら、夫婦で郷土《きょうど》のために貢献《こうけん》していきました。病気《びょうき》の友がいれば真《ま》っ先《さき》に駆《か》けつけ、悩《なや》める友がいれば共に悩み、激励《げきれい》を重《かさ》ねました。そのなかで、気がつけば、いつしか一家《いっか》の和楽《わらく》も築くことができたのです。
彼女《かのじょ》の願《ねが》いは、紀ノ川が流れるごとく強く生き抜くことでした。地道《じみち》にして粘《ねば》り強い挑戦、前《まえ》へ前へと進《すす》み続けるなかに、どんな苦難の壁《かべ》も崩《くず》す強さがある。そこに幸福《こうふく》は輝くのだ、と。

私には、作家《さっか》・有吉佐和子《ありよしさわこ》さん（和歌山市出身《しゅっしん》）との語らいが、懐《なつ》かしく思い出されます。有吉さんの名作《めいさく》の一《ひと》つに、祖母《そぼ》・母《はは》・娘《むすめ》の三代《だい》の生き様《ざま》を描《えが》いた『紀ノ川』があります。有吉さんも紀ノ川のごとく、毀誉褒貶《きよほうへん》を超《こ》えて「私は私だ」※5との信念《しんねん》で進み、「まだまだこれから」「歩《ある》き続けなければ」※6と、自身《じしん》と闘《たたか》いながら常《つね》に挑戦を貫《つらぬ》かれていました。
私が伺《うかが》った橋本《はしもと》市など紀ノ川沿《ぞ》いをはじめ、県《けん》のいずこにも、一家の幸福と地域の繁栄《はんえい》に向かって、たゆまず前進《ぜんしん》する女性のスクラムが広がっています。

たえまなく
光《ひか》り流れる
紀ノ川の
友に歓喜《かんき》の
金波《きんぱ》 輝け

恩師・戸田先生と交友《こうゆう》があった佐藤春夫氏《さとうはるおし》（新宮《しんぐう》市出身）は、故郷《ふるさと》を「空青《そら》し山青し海青し」※7と詠った文豪《ぶんごう》です。

氏は、〝師事《しじ》した先生方の慈愛《じあい》のお陰《かげ》で、自分は人として成長《せいちょう》できた。今度《こんど》は自分が後輩《こうはい》たちに慈愛を注《そそ》いで励まし、恩返しをしよう〟※8と、多くの青年に接《せっ》しました。

私が新宮市に足《あし》を運《はこ》んだ際《さい》、わが友たちは、互《たが》いに何でも話し合い、成長し合える、麗《うるわ》しい人間家族《にんげんかぞく》の絆《きずな》を結《むす》び、大切《たいせつ》にしていました。

二〇一一年、この美しい新宮市、田辺市、那智勝浦町《なちかつうらちょう》、日高川町《ひだかがわちょう》、古座川町《こざがわちょう》、旧《きゅう》・古座《こざ》町《ちょう》（現《げん》・串本町《くしもとちょう》）などを、紀伊半島大水害《だいすいがい》が襲《おそ》いました。甚大《じんだい》な被害《ひがい》と苦難を生き抜いた友たちは、心の財《たから》は壊《こわ》れないことを、あらためて実感《じっかん》したといいます。それは、「何《なに》があっても絶対《ぜったい》に負けへん」という信念であり、「この郷土を絶対に復興《ふっこう》してみせる」という誓《ちか》いであり、「私には友がいる」という励まし合いの連帯《れんたい》でした。

そして、自《みずか》らの悲哀《ひあい》を超えて、一日も早《はや》く町《まち》に希望《きぼう》の灯《ともしび》を！　と、忍耐強く復興の歩みを続けてきたのです。その心は、これからの世代《せだい》にも、かけがえのない宝《たから》として受《う》け継《つ》がれていくでしょう。


田辺市出身の「栄養学の母」香川綾《かがわあや》さんの、胸《むね》に染《し》み入《い》る言葉《ことば》があります。

「すべての苦しみと悲しみを越えて懸命《けんめい》に各自《かくじ》の有《ゆう》する使命《しめい》を、その場所《ばしょ》で、そのあるがままの姿でただ一筋《ひとすじ》に貫き通《とお》すことがたいせつな仕事《しごと》であります」[※9]と。

試練《しれん》のなかから、再び起《た》ち上がり、自らの使命に生ききっていく——その不屈《ふくつ》の「起《き》の国」の魂《たましい》が、和歌山には脈打《みゃくう》っています。

妻が知る田辺市の女性は、若くして、二人で仲よく暮《く》らしてきた母を交通事故《こうつうじこ》で失《うしな》いました。暗い海に沈《しず》むような悲しみのさなか、地域のお母《かあ》さん、お姉《ねえ》さんたちが、「絶対に幸せにならなあかんよ」と抱《だ》きかかえてくれました。

そして、起《た》ち上がり、自らの病気や経済苦《けいざいく》も乗り越えてきました。笑顔《えがお》で前を向いて生きていけば、「苦しい」「悲しい」は必《かなら》ず「楽《たの》しい」「嬉しい」に変《か》えられる——泥沼《どろぬま》のなかで清き大輪《たいりん》の花《はな》を咲《さ》かせる白蓮《びゃくれん》の生き方を、今《いま》、皆に伝《つた》えています。

大海《たいかい》を
包《つつ》む慈愛の
心 持《も》ち
笑顔の花々
郷土に咲かせよ

白浜でも、幾《いく》たびも友と忘れ得ぬ歴史《れきし》を創《つく》りました。時《とき》に海岸《かいがん》で黒潮《くろしお》の香《かお》りを呼吸《こきゅう》し、時に船《ふね》で海原を周《まわ》り、時に紀勢本線《きせいほんせん》で移動《いどう》し——。夕空《ゆうぞら》が溶《と》け込む太平洋《たいへいよう》の水平線《すいへいせん》に向かって、皆で一緒に歌を歌ったこともありました。この開《ひら》けた天地《てんち》では、可憐《かれん》な花々から大海原まで、あらゆる命が主役《しゅやく》として光ります。最も苦労《くろう》した人が、最も晴《は》れやかに歓喜の人生を楽しんでいけるように！　陰で皆を支《ささ》えている無名《むめい》の人が、最大《さいだい》に讃《たた》えられる社会であるように！　そう願いながら、実《じつ》に気のいい「紀の国」の友たちと語り合ったのです。

友たちは、こうした和歌山の自然と産業《さんぎょう》と文化《ぶんか》を誇りとして、宣揚《せんよう》してきました。和歌山城の築城《ちくじょう》四百年（一九八五年）を記念《きねん》して開催《かいさい》した文化の祭典《さいてん》では、紀ノ川や梅の花などの美しく豊かな郷土を表《あらわ》した演技《えんぎ》、民謡《みんよう》では「みかん摘《つ》み唄《うた》」や海の国らしい「櫂踊《かいおど》り」「串本節《くしもとぶし》」、勇猛《ゆうもう》な熊野水軍《くまのすいぐん》の出陣《しゅつじん》さながらの樽太鼓《たるだいこ》、紀州おどり「ぶんだら節」、少年少女《しょうねんしょうじょ》による「まりと殿《との》さま」等を通じて、愛する和歌山で生きる喜びを、思う存分《ぞんぶん》に表現《ひょうげん》しました。

レンズを通して、詩情豊かな和歌山の自然との対話（1984年10月、白浜町）

和歌山は「若き山」でもありましょう。この若々しい力が盛《も》り上がった祭典で、私は青年に、よき市民として、地域社会に根を張り、貢献してもらいたい、と望《のぞ》みました。三十年を経《へ》た今日《こんにち》、その通りに活躍《かつやく》してくれています。

近代《きんだい》日本において〈幼児《ようじ》のための歌〉を最初《さいしょ》に作《つく》った童謡《どうよう》作家・東《ひがし》くめさん（新宮市出身）は、「児《こ》のうつくしさ　たとうれば／笑《え》めるがごとき　花の星《ほし》／清き玉《たま》とも　見ゆるなり」[※10]と詠いました。

和歌山で成長した少年少女、青年は希望の星です。

今も、若い皆さんが、自分の壁を破《やぶ》り、青春を勝利しよう！ と努力《どりょく》しています。友情《ゆうじょう》のスクラムを広げ、和歌山の地域活性化《かっせいか》や平和意識《いしき》の啓発《けいはつ》に、積極的《せっきょくてき》に献身《けんしん》しています。

今年《ことし》の「紀の国わかやま国体《こくたい》」では、私が知る青年たちが、開会式《かいかいしき》で勇壮《ゆうそう》に記念演奏《えんそう》を行《おこな》いました。国体のスローガンに掲《かか》げられた「躍動《やくどう》と歓喜、そして絆」が、いっそう和歌山から全国《ぜんこく》へと広がりゆくことを、願ってやみません。みずみずしい命が煌《きら》めき、明日《あす》への希望に燃える「希《き》の国」の未来《みらい》が、どのような美しい色彩に輝くか、期待《きたい》は高まるばかりです。

黒潮の
香りと風《かぜ》に
吹《ふ》かれつつ
希望の楽土を
若き息吹《いぶき》で

三《み》重《え》

友《とも》よ進《すす》もう！ 今日《きょう》も元気《げんき》で

（二〇一六年五月号）

香《かぐわ》しき
感謝《かんしゃ》の心の
花咲《はなさ》かせ
母《はは》に捧《ささ》げむ
友に贈《おく》らむ

「感謝の心」――それは、生活《せいかつ》を彩《いろど》り、人生《じんせい》を飾《かざ》る花ではないでしょうか。

この心が、ひときわ香《かお》り立《た》つ日《ひ》が、五月に巡《めぐ》り来《く》る「母の日」です。

私も妻《つま》と、雲一《くもひと》つない五月晴《さつきば》れの三重の天地《てんち》で、長年《ながねん》、郷土《きょうど》に貢献《こうけん》してこられた、お母《かあ》さま方《がた》へ、せめてもの感謝の赤《あか》いカーネーションをお贈りし、喜《よろこ》んでいただいた思《おも》い出《で》があります。

毎日《まいにち》が「母の日」のように、皆《みな》でお母さんたちを大切《たいせつ》にしていくならば、世界《せかい》は、どれほど平和《へいわ》になることでしょう。

花がなくとも、「ありがとう！」という言葉《ことば》と笑顔《えがお》の花束を、今日も贈りたいものです。

思えば、伊賀《いが》が生《う》んだ俳聖《はいせい》・松尾芭蕉《まつおばしょう》は、人《ひと》との出会《であ》いの喜びと感謝を俳句《はいく》に託《たく》して贈りました。芭蕉は「見《み》る処《ところ》花にあらずといふ事《こと》なし」※1とも綴《つづ》っています。出あうもの、それぞれに花のような美《うつく》しさを見出《みいだ》し、自身《じしん》の心もまた花のように美しくなれ！　この錬磨《れんま》にこそ、野蛮性《やばんせい》に打《う》ち勝《か》つ文化《ぶんか》の真髄《しんずい》があると教《おし》えてくれているのです。

俳句と言《い》えば、私も三重の旧友《きゅうゆう》たちと、夏《なつ》の夕暮《ゆうぐ》れ、涼風《りょうふう》に吹《ふ》かれつつ、俳句を詠《よ》み合《あ》った忘れ得ぬ一会《いちえ》がありました。

松風《まつかぜ》に
夕日《ゆうひ》の空《そら》や
蟬《せみ》の声《こえ》

三重の県花・花菖蒲とツツジが優雅に競演。
太陽の慈愛の光に応えて、色彩も鮮やかに（著者撮影）

古来《こらい》、三重は「美《うま》し国」（美しいよい国）と称《しょう》され、『万葉集《まんようしゅう》』にも詠《うた》われた、美しい自《し》然《ぜん》と文化と心があり、農《のう》の恵《めぐ》みがあります。

この三重の麗《うるわ》しい春夏秋冬《しゅんかしゅうとう》を舞台《ぶたい》として描《えが》いてきた友情《ゆうじょう》の絵巻《えまき》は、わが人生の宝《たから》です。

春《はる》は、ツツジが咲き始める鈴鹿山脈《すずかさんみゃく》の主峰《しゅほう》・御在所《ございしょ》山《やま》の頂《いただき》にも案内《あんない》してもらいました。金波銀波《きんぱぎんぱ》の伊勢湾《いせわん》口《こう》を進む船上《せんじょう》から、神島《かみしま》で手《て》を振《ふ》ってくれる友を思い、カメラを向《む》けた一時《ひととき》も蘇《よみがえ》ります。

夏は、草花《くさばな》の香りも爽《さわ》やかな、青山高原《あおやまこうげん》（室生赤目《むろうあかめ》青山国定公園《こくていこうえん》）に足《あし》を運《はこ》びました。

秋《あき》は、一志米《いちしまい》でも有名《ゆうめい》な雲出川流域《くもずがわりゅういき》にある公園で、紅《くれない》の睡蓮《すいれん》の花が開《ひら》き、赤とんぼが飛《と》び交《か》うなか、親《した》しく語《かた》らいました。

冬《ふゆ》は、この季節《きせつ》には珍《めずら》しい、鮮《あざ》やかな七彩《しちさい》の虹《にじ》を、友と一緒《いっしょ》に仰《あお》いだものです。

戦後最初《せんごさいしょ》に国の指定《してい》を受《う》け保護《ほご》されてきた伊勢志摩《いせしま》

国立《こくりつ》公園は、生活圏《けん》が大部分《だいぶぶん》を占《し》め、人の営《いとな》みと自然が共生《きょうせい》する理想郷《りそうきょう》です。三重県《けん》は、ゴミのリサイクル率《りつ》でも日本一で、自然を愛《あい》し、資源《しげん》を大事《だいじ》にするライフ・スタイルが、深《ふか》く賢《かしこ》く根付《ねづ》いているのです。

胸中《きょうちゅう》に
勇気《ゆうき》と希望《きぼう》の
宝珠《ほうしゅ》あり
強《つよ》く明《あか》るく
いのち輝《かがや》け

日本有数《ゆうすう》の長い海岸線《かいがんせん》を持《も》つ三重は、海《うみ》の幸《さち》も豊富《ほうふ》で、志摩半島《はんとう》の日本一大勢《おおぜい》の海のヒロイン・海女《あま》の皆さんの活躍《かつやく》も偲《しの》ばれます。

真珠養殖《しんじゅようしょく》は、世界に誇《ほこ》る美《び》の創造《そうぞう》です。

実業家《じつぎょうか》の御木本幸吉翁《みきもとこうきちおう》（鳥羽《とば》市《し》出身《しゅっしん》）は、赤潮《あかしお》の発生《はっせい》などにも屈《くっ》せず、亡《な》くなった最愛《さいあい》の妻への思いを込《こ》めて、幾多《いくた》の苦難《くなん》を克服《こくふく》し、真珠養殖を確立《かくりつ》しました。

「希望ある人間《にんげん》は、どこか輝かしいものを持っている」※2「いかなる場合《ばあい》にも、けっして笑《わら》いを忘れるな」※3とは、御木本翁の珠玉《しゅぎょく》の人生哲学《てつがく》です。

私も、微笑《ほほえ》み輝く「美笑（みえ）」の友人《ゆうじん》と一緒に幾《いく》たびとなく、「清新《せいしん》みなぎる わが三重の 希望の船出《ふなで》に 力《ちから》あり 栄光《えいこう》輝く 明日《あす》の征《みち》 友よ進もう スクラムで」と歌《うた》い上《あ》げてきました。

三重は中世《ちゅうせい》から、海路《かいろ》や陸路《りくろ》の要衝《ようしょう》として繁栄《はんえい》し、各地《かくち》の人が往来《おうらい》し、情報《じょうほう》が集《あつ》まり、文化が融合《ゆうごう》する天地でした。三重の人々は「皆利発《りはつ》なり」※4と讃《たた》えられました。近世《きんせい》日本の経済《けいざい》を力強くリードした伊勢商人《しょうにん》の活躍ぶりも世《よ》に鳴《な》り響《ひび》いています。豪商《ごうしょう》・三井《みつい》高利《たかとし》（松阪《まつさか》市出身）は信用《しんよう》を重《おも》んじつつ、「何《なに》にても新法工夫可致候《しんぽうくふういたすべくそうろう》」（何にでも創意《そうい》工夫をしなさい）※5と、進取《しんしゅ》の気性《きしょう》で新《あたら》しい道《みち》を開きました。

また、豪商・竹川竹斎《たけがわちくさい》（松阪市出身）は、「経済」の本義《ほんぎ》「経世済民《けいせいさいみん》」（世を治《おさ》め民《たみ》を救《すく》う）を実践《じっせん》しました。地域《ちいき》の繁栄のために、農業者《のうぎょうしゃ》を助《たす》け、伊勢茶《ちゃ》を振興《しんこう》、萬古焼《ばんこやき》を復興《ふっこう》し、「有為《ゆうい》の人材《じんざい》を育《そだ》てる」教育《きょういく》文化にも貢献したのです。※6

萬古焼の陶器《とうき》には、文字《もじ》通《どお》り「萬古不易《ふえき》」の印《いん》が刻《きざ》まれてきました。永久《えいきゅう》に変《か》わらず、継承《けいしょう》されるように、との意義《いぎ》です。

この先進《せんしん》文化の都《みやこ》に脈々《みゃくみゃく》と流《なが》れ通《かよ》ってきた創造性と慈愛《じあい》の心が、さらに未来《みらい》へ受《う》け継《つ》が

三重文化合唱祭で熱唱・熱演した友のために
ピアノ演奏を（1978年4月）

れていくことを、私は願《ねが》う一人《ひとり》です。

江戸時代《えどじだい》、津藩《つはん》は藩校・有《ゆう》造館《ぞうかん》を中心《ちゅうしん》として「天下《てんか》の文藩」と謳《うた》われました。藩校の指導者《しどうしゃ》・斎藤拙堂《さいとうせつどう》は、「必《かなら》ず華《はな》によりて実《みの》る」とし、文化が花開いてこそ、道徳《どうとく》や政治《せいじ》の実《み》がなると強調《きょうちょう》しました。※7

ここから、社会《しゃかい》を担《にな》う、多彩《たさい》な花の人材が育ってきたのです。もう三十年以上《いじょう》も前《まえ》になるでしょうか。津駅《えき》のホームで、凛々《りり》しき高校生《こうこうせい》たちと出会いました。未来の大成《たいせい》に思いを馳《は》せつつ、私は一首《いっしゅ》を贈りました。

「清《きよ》らかな　瞳《ひとみ》かがやく　津の駅で
　固《かた》き握手《あくしゅ》の　君《きみ》ら忘れじ」

その若人《わこうど》たちが、つい先日《せんじつ》も、立派《りっぱ》に社会に貢献している嬉《うれ》しい近況《きんきょう》を伝《つた》えてくれました。

この冬、三重県が発表《はっぴょう》した県内の子《こ》どもたちを対象《たいしょう》にした調査《ちょうさ》によると、「自分《じぶん》のことが好《す》き」と答《こた》えた割合《わりあい》が増《ふ》え、自己肯定感《じここうていかん》が強くなっていることがわかりました。健《すこ》やかな未来を育《はぐく》む三重には、人間教育の示唆《しさ》があります。

多気町《たきちょう》には、高校の調理《ちょうり》クラブの生徒《せいと》の皆さんが運営《うんえい》するレストランがあり、産官学《さんかんがく》が連携《れんけい》したフレッシュな教育施設《しせつ》は、地域活性《かっせい》の喜びとなっていると伺《うかが》いました。

晴《は》れわたる
大空《おおぞら》見上げて
共々《ともども》に
楽土《らくど》を築《きず》かむ
誓《ちか》いの日々かな

私の恩師《おんし》・戸田城聖先生《とだじょうせいせんせい》が激励《げきれい》された、南勢《なんせい》地域の女性《じょせい》がいます。

破《やぶ》れた障子《しょうじ》から冷《つめ》たい風《かぜ》が吹き込む借家《しゃくや》に暮《く》らし、持病《じびょう》のぜんそく、お嬢《じょう》さんの病弱、厳《きび》しい経済苦で、夫妻《ふさい》共に悩《なや》みのどん底《ぞこ》にいました。そんな時《とき》、友が、「冬を必ず春にする、人間革命《かくめい》をしようじゃありませんか」と力づけてくれたのです。

やがて夫《おっと》の仕事《しごと》も安定《あんてい》し、夫人《ふじん》も病気を克服できました。夫は、さびついてキーキーと音《おと》を立てる自転車《じてんしゃ》で地域を走《はし》り、夫人は、歌を歌いながら漁村《ぎょそん》へ山村《さんそん》へ駆《か》け回《まわ》って、悩みを抱《かか》えた友を励《はげ》ましていったのです。

「知《し》らない道がないほど、歩《ある》きました。広《ひろ》いからこそ、がんばりがいがあります」と。三重には、各地の町内会《ちょうないかい》などの役職《やくしょく》を勇《いさ》んで担い、地域の福祉向上《ふくしこうじょう》に尽《つ》くす友人が、たくさんいます。名張《なばり》に伺った時も、わが友らと、〝地域の灯台《とうだい》〟になろうと語り合いました。その通りに、信頼《しんらい》の根《ね》を張《は》り、まさに創生《そうせい》の光《ひかり》で郷土を照《て》らしているのです。

一九七八年の四月、白山町《はくさんちょう》（現・津市）で、「歌声《うたごえ》で開く　万葉の天地」をテーマに行《おこな》われた文化合唱祭《がっしょうさい》も懐《なつ》かしい歴史《れきし》です。郷土の特色《とくしょく》を活《い》かして、伊賀忍者《にんじゃ》、松阪牛《まつさかうし》、鈴鹿のオートバイなども次々《つぎつぎ》に登場《とうじょう》し、ユーモアあふれる仮装《かそう》に、爆笑《ばくしょう》の連続《れんぞく》でした。

創作《そうさく》された「三重音頭《おんど》」の歌も微笑ましいものでした。「三重のナー　伊勢の海から陽《ひ》が昇《のぼ》りゃ　ソレソレ　どんな苦労《くろう》にも　負《ま》けはしないよ　ドントコイ　モットコイ」と。三重の友には、逆境《ぎゃっきょう》をも笑い飛ばすような、明るい太陽の心が輝いているのです。

朗《ほが》らかな
　太陽なるか
　　悲《かな》しみも
歓喜《かんき》に変えゆく
　　負けじ魂《だましい》

三重には、災害《さいがい》を乗《の》り越《こ》えて、郷土を栄《さか》えさせようという、尊《とうと》い戦《たたか》いの歴史があります。江戸時代、鈴鹿川のほとりの村人《むらびと》は、頻繁《ひんぱん》な水害《すいがい》を防《ふせ》ぐ堤防建設《ていぼうけんせつ》を願いましたが、藩主《はんしゅ》は建設を禁止《きんし》しました。そこで村の女性たちは、皆を守《まも》るために、死《し》さえ覚悟《かくご》して、人目《ひとめ》につかない夜《よる》に堤防工事《こうじ》を行い、完成《かんせい》させたといいます。それは今《いま》も、「女人《にょにん》堤防」と呼《よ》ばれています。

さらに明治《めいじ》時代、豪商・稲葉三右衛門《いなばさんえもん》は、郷土の利益《りえき》を願い、私財《しざい》を擲《なげう》って四日市港《よっかいちこう》の礎《いしずえ》を築きました。その際《さい》、つくった街《まち》も会社《かいしゃ》も工事計画《けいかく》も、火災《かさい》や風波被害《ふうはひがい》で失《うしな》う苦境《くきょう》に負けなかったのです。その功績《こうせき》は「ねむる時世《じせい》の朝明《あさあ》けに／ひとり目ざめて町《まち》のため／心をつくし※8」等と歌われました。

一九五九年の秋、伊勢湾台風《たいふう》が三重にも襲《おそ》いかかりました。川の氾濫《はんらん》などで交通網《こうつうもう》が寸《すん》断《だん》されていたため、私は、愛知《あいち》から岐阜《ぎふ》、関西《かんさい》を迂回《うかい》して、最《もっと》も被害が大きかった四日市、桑名《くわな》に駆けつけました。

自《みずか》ら被災《ひさい》しながら、「私たちは蔵《くら》の財《たから》は失ったけれど、心の財は厳然《げんぜん》と輝いている」と、歯《は》を食《く》いしばって立ち上がり、復旧《ふっきゅう》のために奔走《ほんそう》した尊い友のことは、私の胸《むね》に焼《や》き付《つ》いて離《はな》れません。一緒に、食糧《しょくりょう》とスコップを持って、救援《きゅうえん》に奮闘《ふんとう》してくれた関西の友人たちの真心《まごころ》も、思い起《お》こされます。

私たちの救援活動《かつどう》の拠点《きょてん》となった、四日市のお宅《たく》の夫妻は、「何か問題《もんだい》があったら、あの金物屋《かなものや》へ行《い》って話《はなし》を聞《き》くといい」と言われるほど、常日頃《つねひごろ》からたくさんの人の面倒《めんどう》を見、皆に慕《した》われていました。そして、「これからが本気《ほんき》で立ち上がる時なんだ」と、活動の柱《はしら》となって力を発揮《はっき》してくれました。

この夫妻をはじめ友人たちが、散《ち》り散《ぢ》りになった友一人一人を探《さが》し、新《あら》たな絆《きずな》を結《むす》び、共に復興の挑戦《ちょうせん》を重《かさ》ねるなかで、励ましの連帯《れんたい》は強く広がっていきました。それが、この地域が発展《はってん》する力となったのです。

その後も、わが三重の仲間《なかま》には、災害にも公害《こうがい》にも怯《ひる》まない、「一番大変《いちばんたいへん》な人の、一番

青き空と海に映える、緑美しい菅島。船が行き交う伊勢湾口には真珠の如き島々が（著者撮影）

近《ちか》くに駆けつけて励ます」という信条《しんじょう》が脈打《みゃくう》っています。

二〇一一年の台風による紀伊《きい》半島大水害で、特《とく》に被害が大きかった熊野《くまの》市や紀《き》宝町《ほうちょう》の友は、賢明《けんめい》な判断《はんだん》で、安全《あんぜん》な場所《ばしょ》に近隣住民《きんりんじゅうみん》を誘導《ゆうどう》し、救いました。さらに、炊《た》き出《だ》しや水《みず》の供給《きょうきゅう》など、きめ細《こま》かな救援活動に奔走して、地域から深く感謝されています。

熊野市七里御浜《しちりみはま》には、世界遺産《いさん》「獅子《しし》岩《いわ》」があります。友人たちは「獅子の心で、新しい前進《ぜんしん》を開始《かいし》します」と決意《けつい》を寄《よ》せてくれました。

三重ゆかりの憲政《けんせい》の父《ちち》・尾崎咢堂《おざきがくどう》（行《ゆき》雄《お》）は、敗戦後《はいせんご》の混迷期《こんめいき》に叫《さけ》びました。

「若い　ショクン《諸君》が　しん《真》の　ユーキ《勇気》を　もつて　日本を　たてなおし　日本を　高《たか》めて　ほしい」※9と。

四日市の若き友たちは、「わが地域から世界の人材を！」を合言葉《あいことば》に、高校生・中学生《ちゅうがくせい》の語学《ごがく》を応援《おうえん》しています。

鷲《わし》が翼《つばさ》を広げる形《かたち》をした三重には、郷土を愛する心と、世界へ雄飛《ゆうひ》する心という、二《ふた》つの翼を持つ若鷲たちが、希望のスクラムを広げているのです。

この五月には、志摩市の賢島《かしこじま》で、伊勢志摩サミット（主要国首脳会議《しゅようこくしゅのうかいぎ》）が開催《かいさい》されます。サミットが無事故《むじこ》で大成功《だいせいこう》し、黒潮《くろしお》が滔々《とうとう》と流れるように、英知《えいち》と平和の潮流《ちょうりゅう》が広がりゆくことを、私も心躍《おど》らせながら見つめています。

私の妻が知る、伊賀市で創業《そうぎょう》百年の和菓子店《わがしてん》を継いだ女性は、幼子《おさなご》が病気で脳性《のうせい》まひの後遺症《こういしょう》が残《のこ》りました。しかし「どんな宿命《しゅくめい》も変えられる」と、希望を失わず子育てに挑《いど》みました。懸命《けんめい》に生《い》きる子の姿《すがた》から強く生きることを学《まな》び、夫に先立《さきだ》たれた後も、毅然《きぜん》と店《みせ》を栄えさせてきたのです。

一昨年の五月、元気に特別養護施設《とくべつようごしせつ》で暮らす息子《むすこ》さんから電話《でんわ》がかかってきました。「今日は母の日やな。お母ちゃん、ありがとう！」と。かつては話《はな》すことも危《あや》ぶまれた息子さんです。

「お母ちゃんの方こそ、ありがとうやで！」と応《こた》える嬉しさは、いかばかりだったでしょう。

母子《ははこ》して、試練《しれん》を共に乗り越えながら、生命《せいめい》の奥底《おうてい》に育んできた負けない心の絆ほど、まばゆい宝珠はありません。

愛する「美《うま》し国」三重の天地から、「今日も元気で」と朗らかに歩《あゆ》む母たち、女性たちの希望の歌声が、いやまして響きわたる時が来ているのです。

この道は
誠実一路《せいじついちろ》の
幸の道
皆で山越え
勝利《しょうり》の都へ

カナダ

仲良《なかよ》く多彩《たさい》な虹《にじ》の連帯《スクラム》

（二〇一四年八月号）

天空《てんくう》に
虹は 我《われ》らの
心かな

この人《ひと》の明《あか》るい姿《すがた》を見《み》ていると、いつも希望《きぼう》の風《かぜ》が吹《ふ》いてくる。この人の涼《すず》やかな瞳《ひとみ》を見ていると、いつも勇気《ゆうき》の光《ひかり》がみなぎる。この人の朗《ほが》らかな笑顔《えがお》を見ていると、いつも和楽《わらく》の虹が広《ひろ》がる。

そう讃《たた》えられる人生《じんせい》は、なんと価値《かち》ある喜《よろこ》びの劇《げき》でしょうか。

懐《なつ》かしきカナダの天地《てんち》にも、そうした良き友《とも》どちがたくさんいます。

カナダとアメリカの国境に位置するナイアガラの滝。
名は先住民が呼んだ「ニアガル（雷鳴の轟く水）」に由来するとされる（著者撮影）

敬愛《けいあい》するカナダの友と一緒《いっしょ》に仰《あお》いだ虹は、私の心に今《いま》も大《おお》きく架《か》かっています。

世界三大瀑布《せかいさんだいばくふ》の一《ひと》つナイアガラの滝《たき》では、水勢《すいせい》が轟音《ごうおん》をたてて大地《だいち》を揺《ゆ》るがし、水《みず》しぶきがキラキラと天《てん》へと舞《ま》い上《あ》がって、幾筋《いくすじ》もの虹が生《う》まれていました。

カナダは雄大《ゆうだい》です。白銀《はくぎん》を頂《いただ》く山々《やまやま》の秀麗《しゅうれい》、清冽《せいれつ》な湖水《こすい》の煌《きら》めき、夏《なつ》は緑《みどり》鮮《あざ》やかに秋《あき》は黄《き》や紅《くれない》に一斉《いっせい》に染《そ》まる森《もり》の荘厳《そうごん》、冬空《ふゆぞら》に舞い踊《おど》るオーロラの崇《すう》高《こう》……。地球《ちきゅう》の大《おお》いなる生命《せいめい》の多様《たよう》な営《いとな》みが、身《み》に迫《せま》って感《かん》じられる大天地なのです。

カナダの美《び》を描《えが》き、綴《つづ》ってきた画家《がか》

で作家《さっか》のエミリー・カーは、先住民《せんじゅうみん》に学《まな》びつつ、大自然《だいしぜん》を通《とお》して流《なが》れている生命を感じ取《と》り、驚嘆《きょうたん》しています。

「ものすごい生命、生命、生命！」※1と。

ナイアガラの虹も、たゆまず、恐《おそ》れず、流れ続《つづ》ける大自然の生命力が生み出した芸術《げいじゅつ》と言《い》ってよいでしょう。

エミリー・カーは、「私は一人《ひとり》で立《た》つ」「自分《じぶん》の足《あし》で、敢然《かんぜん》と」※2と決意《けつい》し、カナダの社会《しゃかい》に新《あたら》しい文化《ぶんか》の虹を広げていったのです。

花々《はなばな》と
　緑の森あり
　　山河《さんが》あり
　　　いのちの息吹《いぶき》に
　　　　心大きく

一九六〇年十月、私が初《はじ》めて訪《おとず》れたカナダの街《まち》は、最大《さいだい》の都市《とし》トロントでした。
先住民の言葉《ことば》「トランテン（人の集《あつ》まる場所《ばしょ》）」を地名《ちめい》の由来《ゆらい》とするトロントには、世界から集《つど》ってきた人々が、それぞれの文化を基《もと》に、幾十ものコミュニティーを築《きず》いてきました。

この「地球社会の縮図《しゅくず》」と謳《うた》われる多様性の街では、権威《けんい》や肩書《かたがき》などではなく、どこまでも生命という普遍《ふへん》の大地に立って、平等《びょうどう》な人間同士《にんげんどうし》として語《かた》り合《あ》い、共感《きょうかん》を培《つちか》うことが求《もと》められるといいます。

私も、カナダ国営放送《こくえいほうそう》からインタビューを受《う》けた折《おり》、わが師《し》・戸田城聖先生《とだじょうせいせんせい》が提唱《ていしょう》していた、世界の人々が一軒《いっけん》の家《いえ》で幸福《こうふく》に暮《く》らすような「地球民族主義《みんぞくしゅぎ》」について語らせていただいたことを思《おも》い出《だ》します。

初訪問《はつほうもん》のトロントで、私たちが最初《さいしょ》にお会《あ》いしたのは、その年《とし》、結婚《けっこん》を機《き》に、日本からカナダに渡《わた》ったばかりの女性《じょせい》でした。日本にいるお母様《かあさま》から手紙《てがみ》で連絡《れんらく》を受けて、わざわざ身重《みおも》の体《からだ》で空港《くうこう》まで出迎《でむか》えに来《き》てくれたのです。

カナダに来た当時《とうじ》は、自分なりに努力《どりょく》して、その日《ひ》その日を楽《たの》しく過《す》ごせればと思っていたそうです。しかし、病気《びょうき》がちとなり、家族《かぞく》に迷惑《めいわく》をかけたくないと悩《なや》み、真剣《しんけん》に、弱《よわ》い自分に勝《か》ちたい、自分を変《か》えたい、もっと意義《いぎ》ある人生の目的《もくてき》に生《い》きたいと願《ねが》うようになりました。

陽光がふりそそぐバンクーバーにて。
自然と人間、東洋と西洋の文化が調和する美しき街は、
市民の誇り（1993年10月）

生命尊厳《そんげん》の哲学《てつがく》を学び始《はじ》めた、この女性は、今いるカナダを自《みずか》らの宿縁《しゅくえん》の舞台《ぶたい》と定《さだ》めて、「勇気」をモットーに、希望と平和《へいわ》の語らいを開始《かいし》したのです。

苦悩《くのう》の友人《ゆうじん》たちを、優《やさ》しく誠実《せいじつ》に励《はげ》ましてきた彼女《かのじょ》は振《ふ》り返《かえ》っています。

「毎日《まいにち》が、自分自身《じしん》の壁《かべ》を乗《の》り越《こ》える努力の積《つ》み重《かさ》ねでした。しかし、どんなに苦労《くろう》が重なっても、心は充実《じゅうじつ》していました」と。

彼女に激励《げきれい》された人々は、陽光《ようこう》を浴《あ》びたように元気《げんき》になり、自信《じしん》をもって、自分らしく輝《かがや》いていきました。その地域貢献《ちいきこうけん》、平和貢献のスクラムは、着実《ちゃくじつ》にカナダ全土《ぜんど》へと拡大《かくだい》していったのです。何《なに》ごとも一人から、一歩《いっぽ》から始まります。

「一《いち》」は「万《まん》」を生み出す母《はは》です。

後輩《こうはい》の女性リーダーも話《はな》していました。

「私たちは〝最《もっと》も調和《ちょうわ》と思いやりのある家族〟でありたいと思います」

「カナダは広大《こうだい》な地ですので、会って語り合うこと自体《じたい》が戦《たたか》いです。多《おお》くの友に会い、励ましを送《おく》り続けています。これこそが、最大の挑戦《ちょうせん》であり、喜びだからです」

友のために足を運《はこ》んだ道《みち》のりは、そのまま、誇《ほこ》り高《たか》き人生の歴史《れきし》となり、思い出深《ぶか》き友《ゆう》情《じょう》の地図《ちず》となります。自分が動《うご》いて、語って、尽《つ》くした分《ぶん》だけ、心の境涯《きょうがい》は大きく豊《ゆた》かに広がるものでしょう。

天の絵《え》を

映《うつ》す湖《みずうみ》

澄《す》む心

底《そこ》より涌《わ》き出《で》よ

幸《さち》の泉《いずみ》よ

カナダ第二の都市で、世界のフランス語圏《ごけん》でもパリなどと共《とも》に屈指《くっし》の都市であるモントリオールに、初めて伺《うかが》ったのは一九九三年の秋でした。

空港に到着《とうちゃく》した時《とき》は、激《はげ》しい雨《あめ》が降《ふ》っていました。

「あいにくの雨」と残念《ざんねん》そうなカナダの友に、私は「慈雨《じう》です。慈愛《じあい》の雨ですよ」と申し上げました。

やがて雨があがると、爽《さわ》やかな空に大きな虹が架《か》かり、紅葉《こうよう》が生き生きと輝きました。夕陽《ゆうひ》は空を赤《あか》く染めながら、悠大《ゆうだい》なセントローレンス川の彼方《かなた》に沈《しず》み、冴《さ》えわたる星空を開《ひら》いてくれたのです。

カナダで誕生《たんじょう》した乙女《おとめ》「赤毛《あかげ》のアン」には、快活《かいかつ》な心が躍動《やくどう》しています。

「わたしの経験《けいけん》からいって、絶対《ぜったい》にそうするぞって固《かた》く決心《けっしん》してしまえば、まあだいたい何でも楽しめるものだわ。もちろん〝固く〟ってところが重要《じゅうよう》よ」※3
わが生命の明鏡《めいきょう》を強《つよ》く賢《かしこ》く磨《みが》いていけば、苦《くる》しみをも楽しみへ、宿命《しゅくめい》さえも使命《しめい》へと変える知恵《ちえ》を光《ひか》らせていくことができる――カナダの友と学び合った希望の哲学です。

人権《じんけん》の大国《たいこく》カナダのモントリオール大学《だいがく》で、「ヒューマニティーの世紀《せいき》へ――現代《げんだい》世界の人権」展《てん》を開催《かいさい》させていただいたことも、忘れ得ぬ歴史です。

私は、この名門《めいもん》大学のシマー学長《がくちょう》ご夫妻《ふさい》、ブルジョ博士ご夫妻と対談《たいだん》を重ねてきました。がん研究《けんきゅう》で高名《こうめい》なシマー学長に、本来《ほんらい》、生命には病気を克服《こくふく》する力《ちから》が備《そな》わるのではないかと尋《たず》ねると、「人体《じんたい》はつねに内《うち》なる『悪《あく》』に対抗《たいこう》する、新しい何かをつくりだす」と応《おう》じられました。※4

また、生命倫理《りんり》の権威であるブルジョ博士は、生命は、外《そと》からのストレスに対抗して、自らを守《まも》るために活力《かつりょく》を結集《けっしゅう》し、創造力《そうぞうりょく》を発揮《はっき》すると強調《きょうちょう》されました。[※5]
ストレスもない、病気もないという世界は、どこにもないでしょう。
生命は永遠《えいえん》に闘《たたか》いです。刻々《こっこく》と変化《へんか》するなかで、いかにして、健康《けんこう》の方向《ほうこう》へ、長寿《ちょうじゅ》の方向へ、価値ある方向へ、創造的な生命力を湧《わ》き出《いだ》していくか。ここに人生の大テーマがあります。
家族や友人、地域の人々との麗《うるわ》しい絆《きずな》が、ストレスや病気に負《ま》けない生命力を強めてくれる。そうした慈愛のネットワークを広げていく主役《しゅやく》が女性であることは、カナダの知性《ちせい》と私が深く一致《いっち》した点《てん》です。

雄大な
カナダの天座《てんざ》に
夕陽　燃《も》え
月光《げっこう》　冴《さ》えゆく
光の劇あり

緑の芝生の先に光る水面は大西洋岸最大の川・セントローレンス川。
美しきモントリオール市内を悠然と流れる大河を見つめつつ、
ベンチに座って語らう光景が連想される（著者撮影）

一九九三年には、大西洋側《たいせいようがわ》にあるモントリオールに続き、トロントを経由《けいゆ》して、「アジアへの門」と称《しょう》される、念願《ねんがん》だった太平洋《たいへいよう》側の国際《こくさい》都市バンクーバーも訪れることができました。飛行機《ひこうき》でカナディアン・ロッキーを越えると、満月《まんげつ》が皓々《こうこう》と天と地を照《て》らしていました。

海《うみ》・川・山・森の自然に恵《めぐ》まれたバンクーバーは、「住《す》みやすさ」で世界を代表《だいひょう》する都市です。この素晴《すば》らしい都《みやこ》で、素晴らしい人生を飾《かざ》ってもらいたいと、私は友と一緒に五つの〝宣言《せんげん》〟を行《おこな》いました。

（1）懸命《けんめい》に生きる人生は美《うつく》しい
（2）余裕《よゆう》ある人生は内実《ないじつ》が豊か
（3）快活に生きる人生は強い

（4）仲良く生きる人生は明るい
（5）誇りに生きる人生は崇高

バンクーバーの一人の母は、自分の仕事《しごと》にも、夫《おっと》の仕事の手伝《てつだ》いにも、家事《かじ》にも、地域貢献の活動《かつどう》にも、チャレンジしていきました。

それは、愚痴《ぐち》をこぼす時間《じかん》すらなく、自身や愛娘《まなむすめ》の重病《じゅうびょう》も乗り越えながらの無我夢中《むがむちゅう》の挑戦でした。母は「すべてやりきるのだ」と決《き》めたのです。

ともあれ、カナダの友人たちは明朗《めいろう》です。皆《みな》さんが折に触《ふ》れて歌《うた》っている愛唱歌《あいしょうか》には、こうあります。

「わたしには夢《ゆめ》がある　すべての人々のために　地球に本当《ほんとう》の平和が訪れ　スクラムを組《く》み　手《て》をとり合って　立ち上がるその日に　わたしたちは真《しん》の尊《とうと》さを知《し》るだろう」と。

満月に
笑顔の語らい
幸の曲《きょく》

わが創価《そうか》大学は、モントリオール大学、ラバル大学、ゲルフ大学、プリンス・エドワード・アイランド大学、カルガリー大学などと教育交流《きょういくこうりゅう》を進《すす》めています。

二十世紀に名高いケベック州《しゅう》の社会改革《かいかく》「静《しず》かな革命《かくめい》」をリードしたのは、ラバル大学でした。この英知《えいち》の城《しろ》の大哲学者《だいてつがくしゃ》であり、社会学者であるデュモン博士は、人間のなかには、いかなる権力《けんりょく》や勢力《せいりょく》よりも卓越《たくえつ》したものがあるという、強い信頼《しんらい》を持《も》っていました。

「本来、人間は限界《げんかい》を乗り越えるためにこそいるのだ」

「自分を乗り越えてこそ、自身の本当の姿になれる。それは社会にも、文化にも、同《おな》じことが言える」

なかんずく、若《わか》き生命の成長《せいちょう》こそが、大いなる未来《みらい》を創造する無限《むげん》の希望でしょう。

カナダを代表する作家ガブリエル・ロワは綴《つづ》っています。

「若さとは常に、命《いのち》のきらめきを分《わ》かち与《あた》えてくれるもの」[※6]

「私たちが飽《あ》くことなく未来の希望を託《たく》すのは、子《こ》どもたちのその小《ちい》さな肩にであった」[※7]

私が出会《であ》いを結《むす》んできたカナダの青年《せいねん》たち、少年少女《しょうねんしょうじょ》たちは、皆、立派《りっぱ》に成長しました。

「思いやりの文化」を掲《かか》げて、今度《こんど》は自分たちが次《つぎ》の世代《せだい》を励まし育《そだ》てようと取り組んでいると伺い、これほど嬉《うれ》しいことはありません。

カナダの友たちが大事《だいじ》にしている合言葉《あいことば》があります。

「一人を大切《たいせつ》にしよう」

「一人の力は、ただ一人にとどまらない」

そして「世界一仲良く！」と。

今日《きょう》も、カナダのあの街この街に、仲良き多彩な虹が輝きわたっていることでしょう。

天空に
　希望の虹を
　　地上《ちじょう》には
　　　多彩な友と
　　　　虹の世界を

静《しず》岡《おか》

富《ふ》士《じ》のごとく！ 正義《せいぎ》の凱歌《がいか》を

（二〇一六年七月号）

朗《ほが》らかに
一人《ひと》立《た》ちたる
富《ふ》士《じ》の山《やま》
嵐《あらし》に揺《ゆ》るがず
微笑《ほほえ》み勝《か》ちたり

人《ひと》の心《こころ》は、目《め》まぐるしく移《うつ》ろいます。仏典《ぶってん》に「一人一日の中に八億《おく》四千念《ねん》あり」と説《と》かれるほどです。「念」とは瞬間《しゅんかん》瞬間の心です。

だからこそ、日本一の不動《ふどう》の富士山を擁《よう》する静岡の友《とも》と、私は語《かた》り合《あ》ってきました。

――富士のごとく、揺るぎない正義《せいぎ》の信念《しんねん》を心に抱《いだ》いて、毀誉褒貶《きよほうへん》の風《かぜ》に侵《おか》されず、生《い》き抜《ぬ》く人生《じんせい》は、素晴《すば》らしい、と。

東京から大阪へ向かう新幹線が富士川を渡る時、水管橋のアーチの彼方、雲の上に荘厳な富士山が姿を現した（著者撮影）

四季折々《しきおりおり》に、富士市《し》、富士宮《ふじのみや》市、御殿場《ごてんば》市など静岡の各地《かくち》で、友人《ゆうじん》たちと幾《いく》たび富士を仰《あお》いだことでしょうか。富士は、そのつど多《た》彩《さい》な姿《すがた》を見《み》せてくれました。

春《はる》は麓《ふもと》の明《あか》るい花々《はなばな》に包《つつ》まれ、夏《なつ》は無窮《むきゅう》の青空《あおぞら》と瑞々《みずみず》しい緑《みどり》に映《は》えて、秋《あき》は荘厳《そうごん》な夕日《ゆうひ》に染《そ》まり、冬《ふゆ》は清《きよ》らかな白雪《はくせつ》を身《み》にまとう。

人生も、わが一念《いちねん》を富士のごとく、どっしりと構《かま》えれば、春夏秋冬《しゅんかしゅうとう》、何《なに》があっても一《ひと》つ一つ、希望《きぼう》へ和楽《わらく》へと転《てん》じながら、多彩な幸《こう》福《ふく》の絵巻《えまき》を綴《つづ》り残《のこ》していけるのではないでしょうか。

私がお会《あ》いした作家《さっか》の井上靖先生《いのうえやすしせんせい》は、富士

を父母《ちちはは》のように仰ぎつつ、伊豆半島《いずはんとう》の天城山《あまぎさん》の麓《ふもと》で育《そだ》ちました。

そして、井上先生との往復書簡《おうふくしょかん》※1では、ふるさとを表現《ひょうげん》する文字《もじ》は「古里」「故郷」「郷里」など、たくさんあるけれども、年齢《ねんれい》を重《かさ》ねて、〝ちちはは の国《くに》〟という呼《よ》び方《かた》が一番《いちばん》ぴったりくるようになったと記《しる》されていたことを、思《おも》い起《お》こします。

また、人生の最《もっと》も貴重《きちょう》なものは、最大《さいだい》の苦闘《くとう》の時《とき》に、苦難《くなん》を共《とも》にし、喜《よろこ》びを分《わ》かち合った友への想《おも》いであることも、話題《わだい》となりました。

富士のごとく、風雪《ふうせつ》に耐《た》え抜いていくなかで、真《まこと》の信頼《しんらい》と友情《ゆうじょう》の裾野《すその》は広《ひろ》がっていくものでしょう。

私にとって、苦楽《くらく》を分かち合ってきた仲間《なかま》が光《ひか》る〝よき友の国〟――それが静岡なのです。

静岡に
　宝《たから》の友あり
　　母ありて
苦難も誉《ほま》れと
　凱歌《がいか》　響《ひび》かむ

伊豆の国市生《う》まれの歌人《かじん》・穂積忠《ほづみきよし》は謳《うた》いました。「淑《よ》き友を良《よ》き師《し》を得《え》よ[※2]」「私はほんとにいい師をもって仕合《しあわ》せものだ[※3]」と。

静岡の文化《ぶんか》には、それぞれの道《みち》にあって、師匠《ししょう》の薫陶《くんとう》があり、それを継承《けいしょう》していく弟子《でし》の求道《きゅうどう》があります。

「富士」は「不二《ふじ》」とも書《か》きます。人間世界《にんげんせかい》の万般《ばんぱん》にわたって、師弟《してい》の不二《ふに》の絆《きずな》があるところにこそ、最高峰《さいこうほう》がそびえ立っていくのではないでしょうか。

創価教育《そうかきょういく》の創始者《そうししゃ》である牧口常三郎《まきぐちつねさぶろう》先生は、戦時中《せんじちゅう》も、生命尊厳《せいめいそんげん》の哲理《てつり》を語り抜き、軍《ぐん》部政府《ぶせいふ》の弾圧《だんあつ》を受《う》けました。先生が不当《ふとう》に逮捕《たいほ》されたのは、一九四三年七月、伊豆の下田《しもだ》に、友を励《はげ》ますために足《あし》を運《はこ》んだ折でした。平和《へいわ》への師子吼《ししく》を貫《つらぬ》かれ、翌年《よくねん》の秋、獄死《ごくし》されたのです。

不二《ふに》の弟子である戸田城聖《とだじょうせい》先生は、いわれなき二年間の獄中闘争《ごくちゅうとうそう》を勝ち越《こ》えて出獄《しゅつごく》しました。そして、戦後《せんご》まもなく、師匠の受難《じゅなん》の地《ち》・下田を訪《おとず》れ、縁《えにし》の友を激励《げきれい》されています。

そののち、戸田先生にお供《とも》して、私も何度《なんど》となく静岡を旅《たび》しました。車窓《しゃそう》から広がる大《おお》海原《うなばら》を見つめながら、この太平洋《たいへいよう》のように、我《われ》らは何ものも恐《おそ》れぬ、晴《は》れやかな境涯《きょうがい》を広々と開《ひら》いていくのだと語られたことも蘇《よみがえ》ります。

思い出多き伊東で、秋が深まりゆく自然との対話のひとときとき（1993年10月）

私が知《し》る清水《しみず》の女性《じょせい》は、もともと人と話《はな》すのが大変《たいへん》に苦手《にがて》でした。結婚《けっこん》してからは、夫《おっと》や夫の肉《にく》親《しん》、子《こ》どもたちまで、立て続《つづ》けに結核《けっかく》などの病気《びょうき》に罹《かか》り、治療費《ちりょうひ》の工面《くめん》に四苦八苦《しくはっく》する日々《ひび》でした。

そのなかで、友から励ましを受け、「これは変《か》えられない宿命《しゅくめい》ではない。自分《じぶん》が変えていくんだ。強《つよ》くなって、絶対《ぜったい》に希望と幸福の人生を開くんだ」と決意《けつい》します。さらに、苦《くる》しい顔《かお》を見せないように心がけ、皆《みな》を元気《げんき》づけながら、家庭《かてい》の空気《くうき》を変えていきました。

彼女《かのじょ》は、この苦難を乗《の》り越えた体験《たいけん》を勝ち得て、地域《ちいき》の苦しむ人の励ましに駆《か》け回《まわ》ります。三保《みほ》の松原《まつばら》や、駿河湾《するがわん》の波《なみ》が打《う》ち寄《よ》せる白《しろ》き浜辺《はまべ》や、富士を見つめ、心の友として――。

そして、夫と手《て》を携《たずさ》え、愛《あい》する郷土《きょうど》に、嬉《うれ》しい時も悲《かな》しい時も共々に前進《ぜんしん》していく、人間蘇生《そせい》のスクラムを広げていったのです。

静岡市出身《しゅっしん》の染色工芸家《せんしょくこうげいか》であり、人間国宝《こくほう》の芹沢銈介氏《せりざわけいすけし》は、染色の技法《ぎほう》を説明《せつめい》し、「隠《かく》れた苦労《くろう》は並《なみ》ならぬものがある。それ故《ゆえ》にこそこの優《やさ》しさの中にこの深《ふか》い染味《そめあじ》がある」※4と言《い》われました。

静岡の各地で、家族《かぞく》のため、友のため、地域のため、人知れぬ労苦《ろうく》を重ねた生命が放《はな》つ彩《いろど》りは、何と優しく、何と奥深いものでしょうか。

金《きん》波《ぱ》舞《ま》う
大海原より
なお広き
母の慈愛《じあい》は
尊《とうと》く眩《まばゆ》し

近代《きんだい》日本の社会事業家《しゃかいじぎょうか》・金原明善翁《きんぱらめいぜんおう》（浜松《はままつ》市出身）は、「世《よ》の中のためになる事《こと》をするのだ。これが私の一番楽《たの》しい事だ」※5との信念に生き抜きました。

古来《こらい》、洪水《こうずい》を繰《く》り返《かえ》した天竜川《てんりゅうがわ》の治水《ちすい》事業にも、私財《しざい》を擲《なげう》って挑《いど》みました。さらに、治水のために植林《しょくりん》活動《かつどう》なども推進《すいしん》した結果《けっか》、天竜川流域《りゅういき》は国内有数《こくないゆうすう》の農業地帯《のうぎょうちたい》に生まれ変わっていったのです。

金原翁が事業の基礎《きそ》としたのは、「忍耐《にんたい》と勇気《ゆうき》」※6です。

浜松をはじめ静岡西部《せいぶ》地域の方言《ほうげん》「やらまいか（やろうじゃないか）」というチャレンジ精神《せいしん》は、素晴らしい財産《ざいさん》です。

浜名湖《はまなこ》が青く美《うつく》しく、世界的な自動車産業《じどうしゃさんぎょう》や音楽《おんがく》産業が飛躍《ひやく》してきた浜松は、二十一世紀《せいき》の文化都市《とし》としても、未来《みらい》を創《つく》り開いています。

わが静岡の友人たちは、庶民《しょみん》の一人一人が主役《しゅやく》になり幸福になる、人間主義《しゅぎ》の地域社会の建設《けんせつ》に挑戦《ちょうせん》しています。ゆえに、権威《けんい》で庶民を見下《みくだ》したり、差別《さべつ》したり、仲良《なかよ》き連帯《れんたい》を攪乱《かくらん》したりする傲慢《ごうまん》は、決《けっ》して許《ゆる》しません。

私の妻《つま》が知る焼津《やいづ》市の女性は、慈愛をもって社会で奮闘《ふんとう》してきました。看護師《かんごし》として産婦人科《さんふじんか》の病院《びょういん》で多《おお》くの新《あたら》しい命《いのち》の誕生《たんじょう》に尽《つ》くし、その後は介護《かいご》の道で「人生の最終章《さいしゅうしょう》を幸福で飾《かざ》ってもらいたい」と全力《ぜんりょく》でサポートしています。

人間の尊厳を守《まも》ろうと、さまざまな場所《ばしょ》で、日々、献身《けんしん》を続けている女性の皆さんこそ、最も尊い方々です。

人生の
正《ただ》しき道を
貫きて
誇《ほこ》りも高《たか》く
郷土に歓喜《かんき》を

懐《なつ》かしい掛川《かけがわ》市には、一九九四年、市民《しみん》の熱意《ねつい》と努力《どりょく》で、百四十年ぶりに東海《とうかい》の名城《めいじょう》・掛川城が再建《さいけん》されたと伺《うかが》っています。

徳川家康公《とくがわいえやすこう》は、若《わか》き日に浜松城、晩年《ばんねん》は駿府《すんぷ》城（静岡市）で指揮《しき》を執《と》り、「国の宝は人より他《ほか》にはない」※7と教《おし》え残しました。

徳川家が、近代日本の教育の先駆《さきが》けとなる静岡学問所《がくもんしょ》（静岡市）、沼津兵学校《ぬまづへいがっこう》を創設《そうせつ》し、当時《とうじ》、最高の人材育成《じんざいいくせい》に挑んだ歴史《れきし》も知られています。

この沼津兵学校を指導《しどう》した啓蒙思想家《けいもうしそうか》・西周《にしあまね》は、人を教えるとは、「人たる道を教うる」ことであり、正義と不正《ふせい》、善《ぜん》と悪《あく》の道を示《しめ》すことだとの信条《しんじょう》に立っていました。※8

逆境《ぎゃっきょう》を乗り越えた経験《けいけん》と知恵《ちえ》を持《も》って、善《よ》き人生を歩《あゆ》む女性は、郷土の宝です。

がんを克服《こくふく》した沼津の母は、「苦しんだ分《ぶん》、新《あら》たな使命《しめい》をもらったんだね。もう心が病魔《びょうま》に負《ま》けることはない」と言い切《き》ることができました。そして、闘《とう》病《びょう》中の友の激励を続けています。

もう三十年以上《いじょう》も前《まえ》になりますが、わが友人たちが、大切《たいせつ》な郷土の発展《はってん》を願《ねが》い、静岡市で平和文化祭を開催《かいさい》したことがあります。

静岡なじみの童謡《どうよう》「みかんの

おとぎの国さながらに、皓々たる満月が、海に黄金の道を描く（著者撮影、熱海）

花咲《さ》く丘《おか》」「かわいい魚屋《さかなや》さん」等にあわせた中学生《ちゅうがくせい》や少年少女《しょうねんしょうじょ》の演技《えんぎ》。青年が雄々《おお》しく組《く》み体操《たいそう》で築《きず》いた富士山。ロマンあふれる三保の松原の「羽衣伝説《はごろもでんせつ》」や富士市の「かぐや姫《ひめ》伝説」をもとにした演技など、舞台《ぶたい》のすべてに喜びが満《み》ちていました。

かぐや姫は富士へ、また天上《てんじょう》の月《つき》へ帰《かえ》りましたが、静岡の若人《わこうど》は、わが郷土、わが地域へと舞い戻《もど》り、人生の名演《めいえん》を自分らしく繰り広げていったのです。

当時の青年たちが、今《いま》、立派《りっぱ》なリーダーとなり、各地で貢献していることは、嬉しい限《かぎ》りです。

暗《くら》き世に
清き心を
輝《かがや》かす
あなたは 希望の
かぐや姫かな

富士を愛した作家・徳冨蘆花《とくとみろか》は、「農《のう》は人の子にとって最も自然《しぜん》且《か》つ尊貴《そんき》な生活《せいかつ》の方法《ほうほう》で、且《かつ》其救《そのすくい》であらねばならぬ」※9と讃嘆《さんたん》しました。

静岡は、きはだ、かつお、養殖《ようしょく》まあじ、しらす、さくらえび、まぐろ（冷凍《れいとう》）など、海《うみ》の恵《めぐ》みに満ちています。さらに、陸《りく》では、温州《うんしゅう》みかん、わさび、温室《おんしつ》メロン等々、そして、お茶《ちゃ》は日本を代表《だいひょう》する名産《めいさん》です。とりわけ、思い出深い茶の産地《さんち》・藤枝《ふじえだ》のほか、牧《まき》ノ原《はら》には、明治期《めいじき》まで不毛《ふもう》の土地《とち》だったのを開拓《かいたく》して、最大の茶園《ちゃえん》に変えた歴史が光っています。

この開拓農家《のうか》の女性は、家族と一緒《いっしょ》に自然薯《じねんじょ》（山芋《やまのいも》）の栽培《さいばい》に挑み、自然環境《しぜんかんきょう》にもやさしい安心《あんしん》・安全《あんぜん》な食《しょく》を！　と工夫《くふう》を重ねて、大成功《だいせいこう》を収《おさ》めました。

かつて、心血《しんけつ》を注《そそ》いだ四千本の自然薯が炭《たん》そ病《びょう》で全部枯《ぜんぶか》れてしまった時、父は「だから、農業はおもしろい！　山芋はうまくいかないからおもしろい！　やりがいがある」と、勇気づけてくれたといいます。

不屈《ふくつ》の開拓精神で、命を支《ささ》える食を培《つちか》い、地域振興《しんこう》にも貢献されている農漁業者《のうぎょぎょうしゃ》の方々のご苦労に、合掌《がっしょう》する思いです。


一九五八年、狩野川台風《かのがわたいふう》が、伊豆半島にも甚大《じんだい》な被害《ひがい》をもたらしました。私は、当時の田方郡《たがたぐん》へ、苦難に直面《ちょくめん》した友のもとへ駆けつけました。その後、天城山、箱根山《はこねやま》、そして、富士山も眺望《ちょうぼう》する風光明媚《ふうこうめいび》な憩《いこ》いの天地《てんち》として、断固《だんこ》、復興《ふっこう》を遂《と》げたことは、何よりの喜びでした。

それぞれの地に根《ね》を張《は》り、悲しみも成長《せいちょう》の糧《かて》に変え、嵐に動《うご》かぬ大樹《たいじゅ》となって、地域の発展を支えている静岡の友を、私は最大に讃《たた》えたい思いで一杯《いっぱい》です。

伊東《いとう》や熱海《あたみ》での友との語らいでは、地方《ちほう》と民衆《みんしゅう》が主役《しゅやく》となる新時代《しんじだい》を開こうと約《やく》し合いました。今日《こんにち》、求《もと》められる地方創生《そうせい》も、静岡が全国《ぜんこく》をリードするでしょう。

つい先日《せんじつ》も、東海道《とうかいどう》の要衝《ようしょう》・三島《みしま》市や、健康《けんこう》都市宣言《せんげん》をする長泉町《ながいずみちょう》、ＳＬ《エスエル》（蒸気機関車《じょうききかんしゃ》）が走る川根本町《かわねほんちょう》などの友たちが、太陽《たいよう》のように明るく元気に、地域に貢献している様子《ようす》を伺いました。

特《とく》に、青年こそ、地方の興隆《こうりゅう》の熱《ねつ》と力《ちから》です。

青年を育てることが、希望の創生です。

「老《お》いた人が次《つぎ》の代《だい》の為《た》めに夢《ゆめ》を伝《つた》える姿は、それは本来《ほんらい》の美しさである」[※10]とは、詩人《しじん》・木下杢太郎《きのしたもくたろう》（伊東市出身）の言葉《ことば》です。

昨年《さくねん》九月、静岡市に六千人が集《つど》い、若人の祭典《さいてん》を行《おこな》いました。青年たちは「胸《むね》に輝く太陽　決して誰《だれ》にも消《け》せやしない　どんな明日《あす》も　乗り越えてゆくんだ」と歌《うた》い上《あ》げ、自分がいる地域や職場《しょくば》で、未来を照《て》らす烈日《れつじつ》のごとき情熱《じょうねつ》の挑戦を貫いています。

井伊谷城《いいのやじょう》（浜松）の城主《じょうしゅ》となって戦国《せんごく》時代を生き抜き活躍《かつやく》した女性・井伊直虎《なおとら》のドラマのように、静岡の女性や青年の活躍で、世界に誇る人間共和《きょうわ》のフォートレス（要塞《ようさい》）がそびえゆくことは間違《まちが》いありません。

堂々《どうどう》と
朝日《あさひ》は昇《のぼ》り
富士光る
幸《さち》の朝《あした》を
あなたも開けと

韓《かん》国《こく》

天《てん》も微笑《ほほえ》む　友好《ゆうこう》の虹《にじ》を

（二〇一五年十月号）

〽高《たか》くおなりよ　山《やま》よりも
深《ふか》くおなりよ　海《うみ》よりも
ねんねんよい子《こ》よ　おころりよ ※1

お隣《となり》・韓国で歌《うた》われてきた子守唄《こもりうた》の一節《いっせつ》です。なんと大《おお》きな、オモニ（母《はは》）の慈愛《じあい》と祈《いの》りに満《み》ちていることでしょうか。この母たちの心に応《こた》えゆかんとすることから、人《ひと》の世《よ》の幸福《こうふく》と平和《へいわ》は生《う》まれると言《い》えましょう。

私の少年時代《しょうねんじだい》、近所《きんじょ》に、韓半島出身《かんはんとうしゅっしん》の聡明《そうめい》な友人《ゆうじん》がいました。言うに言われぬ苦労《くろう》も多《おお》かったであろうに、いつも朗《ほが》らかで、礼儀正《れいぎただ》しい彼《かれ》の周《まわ》りには、爽《さわ》やかな共感《きょうかん》が広《ひろ》がりま

首都ソウルの街に、いにしえの王朝文化の建築様式が、美しい幾何模様を描く。
この壮麗な瓦屋根の建物は、かつて韓国の迎賓館であった（著者撮影）

した。どれほど愛情豊《あいじょうゆた》かな母の薫育《くんいく》があったのだろうかと、今《いま》、改《あらた》めて偲《しの》ばれます。

その後《ご》、互《たが》いに戦時下《せんじか》の混乱《こんらん》に呑《の》み込《こ》まれ、友人一家《いっか》との音信《おんしん》も不通《ふつう》になってしまったことが、残念《ざんねん》でなりません。

しかし、モノクロ（単色《たんしょく》）の暗《くら》い色《しき》調《ちょう》に覆《おお》われた当時《とうじ》の世相《せそう》にあって、韓国の心を体《たい》した少年と結《むす》んだ思《おも》い出《で》は、七彩《しちさい》の虹のように鮮《あざ》やかに蘇《よみがえ》るのです。

友情《ゆうじょう》こそが、青春《せいしゅん》に、また人生《じんせい》に、明《あか》るい希望《きぼう》の彩《いろど》りをもたらしてくれるものでしょう。

そして、若《わか》き世代《せだい》が、友情の虹を幾《いく》重《え》にも結び、平和のスクラムを築《きず》いていくとこそ、国《くに》を超《こ》えた母たちの願《ねが》いではないでしょうか。

韓日《かんにち》の
　友好の虹
　　晴《は》ればれと
夢《ゆめ》の架《か》け橋《はし》
　天も微笑み

十八世紀《せいき》、朝鮮王朝《ちょうせんおうちょう》の英邁《えいまい》な君主《くんしゅ》・正祖《チョンジョ》は、「一《ひと》つひとつが、すべて学《まな》びである」と語《かた》りました。

古代《こだい》から、高句麗《こうくり》と百済《くだら》と新羅《しらぎ》、高麗《こうらい》、朝鮮などの歴代《れきだい》王朝では、仏教《ぶっきょう》や儒教《じゅきょう》を基盤《きばん》とし、まさに「学びの心」を光《ひか》らせて、大文化《だいぶんか》が創造《そうぞう》されてきました。

その文化の宝《たから》は、隣国《りんごく》・日本へ伝《つた》えられ、日本の先人《せんじん》も喜《よろこ》び勇《いさ》んで交流《こうりゅう》を重《かさ》ね、学んできました。漢字《かんじ》、紙《かみ》、墨《すみ》、様々《さまざま》な学問《がくもん》、仏教、儒教、優《すぐ》れた絵画《かいが》・彫刻《ちょうこく》・音楽《おんがく》、稲作《いなさく》・灌漑技術《かんがいぎじゅつ》、味噌《みそ》、鉄器《てっき》・青銅器《せいどうき》など、恩恵《おんけい》は文化万般《ばんぱん》にわたり、計《はか》り知《し》れません。

それは、古代に遡《さかのぼ》るとともに、中世《ちゅうせい》・近世《きんせい》でも五百年に及《およ》ぶ麗《うるわ》しい交流でした。江戸《えど》時代、朝鮮国王《こくおう》から日本へ何度《なんど》も派遣《はけん》された「朝鮮通信使《つうしんし》」も、各地《かくち》に友誼《ゆうぎ》の足跡《そくせき》を留《とど》めています。

偉大《いだい》なる
文化の光《ひかり》で
海を越《こ》え
照《て》らせし　大恩《だいおん》
永久《とわ》に忘れじ

韓国の歴史《れきし》は、襲《おそ》いかかる苦難《くなん》に対《たい》する不屈《ふくつ》の抵抗《ていこう》の連続《れんぞく》でもありました。モンゴル帝国《ていこく》の侵略《しんりゃく》、豊臣秀吉軍《とよとみひでよしぐん》の侵略、日本の植民地支配《しょくみんちしはい》、そして韓国動乱《どうらん》（朝鮮戦争《せんそう》）という、残酷《ざんこく》な苦《くる》しみを、断固《だんこ》として乗《の》り越《こ》えてきたのです。

私の父《ちち》は、第二次世界大戦以前《だいにじせかいたいせんいぜん》に徴兵《ちょうへい》され、韓国に二年ほど滞在《たいざい》しました。そこでの日本の非道《ひどう》の振《ふ》る舞《ま》いを、幼《おさな》き日《ひ》に、よく聞《き》かされたものです。「あの横暴《おうぼう》さ、傲慢《ごうまん》さ。同《おな》じ人間同士《にんげんどうし》じゃないか。こんなことは絶対《ぜったい》に間違《まちが》っている」と。

また、父から教《おそ》わった韓国の人々の心の美《うつく》しさ、温《あたた》かさは、深く私の胸《むね》に刻《きざ》まれています。

念願かない、韓国の友らと心弾む交流のひとときを（1998年5月、ソウル）

戦争中、理不尽《りふじん》にも、日本の獄《ごく》に囚《とら》われ、牢死《ろうし》した韓国の詩人《しじん》・尹東柱《ユンドンジュ》は詠《うた》い残《のこ》しました。

「死《し》ぬ日まで空《そら》を仰《あお》ぎ／一点《いってん》の恥辱《はじ》なきことを」

「星《ほし》をうたう心で／生《い》きとし生けるものをいとおしまねば／そしてわたしに与《あた》えられた道《みち》を／歩《あゆ》みゆかねば」※2と。

誇《ほこ》り高《たか》き魂《たましい》は、両国《りょうこく》の青年《せいねん》を鼓舞《こぶ》し続《つづ》けるでしょう。

時《とき》を同じくして、創価学会《そうかがっかい》の牧口常三郎《まきぐちつねさぶろう》初《しょ》代会長《だいかいちょう》、戸田城聖《とだじょうせい》第二代会長も、日本の軍国《ぐんこく》主義《しゅぎ》と戦《たたか》い、投獄《とうごく》されました。平和の信念《しんねん》を貫《つらぬ》き、初代は獄中《ごくちゅう》で逝去《せいきょ》。第二代は戦後《せんご》、この世から悲惨《ひさん》の二字《じ》をなくしたいと民衆運動《みんしゅううんどう》を展開《てんかい》しました。祖国《そこく》の平和を願ってやまぬ韓国出身の母たちを真心《まごころ》込めて励《はげ》ましていた姿《すがた》も、私の命《いのち》に焼《や》きついて離《はな》れません。

一九九〇年九月、私は念願《ねんがん》だった韓国を初《はじ》めて訪問《ほうもん》し、文化交流を通《とお》して、新《あら》たな平和友好へ一歩《いっぽ》を踏《ふ》み出《だ》しました。

ソウルの中央日報社《ちゅうおうにっぽうしゃ》ビルの湖巌《ホアム》ギャラリーと湖巌美術館《ホアムびじゅつかん》で「西洋《せいよう》絵画名品展《めいひんてん》」（東京《とうきょう》富《ふ》士《じ》美術館所蔵《しょぞう》）を開催《かいさい》したのです。レセプションには、同展《どうてん》を共催《きょうさい》した三星《サムスン》美術文化財団《ざいだん》の理事長《りじちょう》であられる申鉉碻《シンヒョンファク》元首相《もとしゅしょう》をはじめ、各界《かっかい》のリーダーの方々《かたがた》が集《あつ》まってくださいました。私は感謝《かんしゃ》を込めて申《もう》し上《あ》げました。

「貴国《きこく》は日本の文化の大恩人《だいおんじん》であります。私ども所蔵の西洋絵画を海外《かいがい》で初公開《はつこうかい》させていただくことも、せめてものご恩返《おんがえ》しの一分《いちぶん》となればとの思いからであります」

その答礼展《とうれいてん》として、二年後、東京富士美術館で開催された「高麗　朝鮮陶磁《とうじ》名品展」（湖巌《ホアム》美術館所蔵）では、古来《こらい》、日本が多くを学んだ青磁白磁《せいじはくじ》の国宝《こくほう》・宝物《ほうもつ》を、国外《こくがい》へ初めて出品《しゅっぴん》していただきました。

文化の往来《おうらい》によって、誠実《せいじつ》に心と心を通《かよ》わせることは、何《なに》ものにも代《か》え難《がた》い喜びです。

ソウルで目《ま》の当《あ》たりにした伝統建築《でんとうけんちく》には、壮麗《そうれい》な瓦屋根《かわらやね》が光り、大空《おおぞら》へ羽《は》ばたくような風格《ふうかく》を湛《たた》えていました。瓦の技術も、韓国から日本が学んだものです。

両国の友情の翼《つばさ》も、この建築美《けんちくび》のごとくあれと、私は祈りました。

いつの日も
苦楽《くらく》を共《とも》に
感激《かんげき》の
宝友《とも》と歩まむ
歌声《うたごえ》高く

一九九八年五月、私学《しがく》の名門《めいもん》・慶熙《キョンヒ》大学《だいがく》のソウル・キャンパスと水原《スウォン》キャンパスにお招《まね》きいただきました。創立者《そうりつしゃ》であられる趙永植《チョヨンシク》学園長《がくえんちょう》は、しみじみと語られていました。

「私が心を込めて取《と》り組《く》んでいることは、社会《しゃかい》に平和を確立《かくりつ》し、お互いに手を携《たずさ》えて人間らしい人間社会にしたいということなのです」と。

大好《だいす》きな韓国の友《とも》も、〝愛《あい》する郷土《きょうど》の繁栄《はんえい》のために何にでも挑戦《ちょうせん》する、良《よ》き市民《しみん》になろう〟と、ボランティアで多様《たよう》な活動《かつどう》に取り組んできました。それは一人《ひとり》一人の生命《せいめい》の素晴《すば》らしい力《ちから》の証《あか》しです。たとえば――

○公園《こうえん》や河川敷《かせんしき》などを清掃《せいそう》する国土《こくど》大清掃運動、リサイクル運動、自然保護《しぜんほご》運動、植樹《しょくじゅ》運動、環境保全《かんきょうほぜん》や人権擁護《じんけんようご》のための展示《てんじ》運動

○独《ひと》り暮《ぐ》らしの高齢者《こうれいしゃ》や、身《み》よりのない子どもたちのための、近隣《きんりん》助《たす》け合《あ》い運動

○障《しょう》がい者《しゃ》のための支援《しえん》活動
○田植《たう》えなどを手伝《てつだ》う、農村《のうそん》助け合い運動
○学校《がっこう》への良書贈呈《りょうしょぞうてい》運動
○災害時《さいがいじ》の復旧《ふっきゅう》支援活動
○近隣地域《ちいき》のための音楽コンサート
○地域行事《ぎょうじ》への積極的《せっきょくてき》な協力《きょうりょく》

こうした尊《とうと》い活動を、大河《たいが》・漢江《ハンガン》の流《なが》れのように弛《たゆ》みなく続けてきました。その「並外《なみはず》れた献身《けんしん》と奉仕《ほうし》の精神《せいしん》」は、地域社会を豊かに潤《うるお》しているのです。

韓国独立《どくりつ》運動の父・安昌浩《アンチャンホ》は、「世の中《なか》に心安《やす》らかに信《しん》ずる同志《どうし》があるということより大きい幸福が一体《いったい》どこにありますか？」[※3]と訴《うった》えました。

晴れわたるソウルの青空《あおぞら》のもと、晴れやかな笑顔《えがお》の韓国の友と、私は「楽《たの》しき人生」「偉大な人生」「勝利《しょうり》の人生」を——と家族《かぞく》のように語り合いました。一緒《いっしょ》に、韓国の国花《こっか》・無窮花《ムグンファ》を植樹したことも懐《なつ》かしい。

無窮花《ムグンファ》は、朝《あさ》から夕《ゆう》まで咲《さ》く「一日花《いちにちばな》」です。しかし日々、新たな蕾《つぼみ》をつけ、夏《なつ》から秋《あき》まで咲き続けるゆえに、無窮《むきゅう》すなわち永遠《えいえん》なのです。その限《かぎ》りない生命力《せいめいりょく》は、何事《なにごと》にも負《ま》けない母の心を映《うつ》したようです。

私の知る母は、子育《こそだ》てで大変《たいへん》に苦労し、体調《たいちょう》を崩《くず》してしまいました。〝保育士《ほいくし》として経《けい》験《けん》を積《つ》んできたはずなのに〟と気落《きお》ちし、後《のち》には脊柱管狭窄症《せきちゅうかんきょうさくしょう》で右足《みぎあし》のまひにも襲われました。しかし、人のため、社会のために、思う存分《ぞんぶん》、活動できるよう健康《けんこう》になろうと誓《ちか》い、克服《こくふく》していきました。「無窮花《ムグンファ》のように粘《ねば》り強《づよ》く、忍耐《にんたい》強く花《はな》を咲かせる」ことをモットーに、苦労を心の滋養《じよう》として、国土大清掃運動などの地域貢献《こうけん》にも挑戦してきました。そして、信頼《しんらい》の絆《きずな》の花を咲かせてきたのです。

また、ある女性《じょせい》は、度重《たびかさ》なるがんを毅然《きぜん》と乗り越え、八十代の今も生き生きと、悩《なや》みを抱《かか》えた友人や後輩《こうはい》たちを一人でも多く幸福にしたいと、日々、激励《げきれい》に駆《か》け巡《めぐ》っています。以前、お隣の人に、「いつもどこへ行《い》っているの?」と聞かれ、こう答《こた》えたといいます。

「幸《しあわ》せを探《さが》しに行っているの!」と。

十六世紀、芸術《げいじゅつ》の母・申師任堂《シンサイムダン》は、「清《きよ》く澄《す》んだ心は、太陽の光に包《つつ》まれる。その心こそ、善行《ぜんこう》の源泉《げんせん》であり、徳行《とっこう》の根本《こんぽん》である」との信念を持《も》っていました。

韓国のいずこにも、縁《えん》する人を大切《たいせつ》にし、自他《じた》共の幸福を輝《かがや》かせゆく、太陽の光の女性の方々が活躍《かつやく》しています。

いついつも
郷土に尽《つ》くせし
あなたこそ
笑顔　咲きたる
幸《さち》の無窮花《ムグンファ》

清々《すがすが》しい緑《みどり》光る一九九九年五月、私は、「美しき自然」「美しき果実《かじつ》」「美しき心」という「三麗《さんれい》」の島《しま》・済州島《チェジュド》に伺《うかが》いました。

韓国最高峰《さいこうほう》の堂々《どうどう》たる漢拏山《ハルラサン》も、映山紅《えいざんこう》と呼《よ》ばれるツツジの花々も、青々と広がる大海《おおうな》原《ばら》も、生命の讃歌《さんか》を謳《うた》い上げゆく詩心《しごころ》の天地《てんち》です。

国立《こくりつ》済州《チェジュ》大学では、趙文富《チョムンブ》総長《そうちょう》が迎《むか》えてくださり、尽きることのない対話《たいわ》を重ねました。

総長は微笑みつつ、「母は偉大です。そして女性は賢明《けんめい》です。わが国では、『女性は太陽、男性《だんせい》は月《つき》』とも言います」※4と強調《きょうちょう》されていました。

済州島《チェジュド》をふるさととする多くの在日《ざいにち》韓国人の方々も、教育《きょういく》交流の進展《しんてん》を喜んでくださいました。

私の妻《つま》の友人は、韓国から強制連行《きょうせいれんこう》されて日本の炭鉱《たんこう》で働《はたら》かされた父親《ちちおや》、長崎《ながさき》で原爆《げんばく》に

済州島の雨上がりの空に鮮やかな虹の橋が架かった。
あたかも韓日の麗しい友好を願うように（著者撮影）

被爆《ひばく》した母親《ははおや》のもとに生まれました。お父様《とうさま》は体《からだ》を酷使《こくし》した末《すえ》に、帰郷《ききょう》の願いもかなわず早《はや》く亡《な》くなり、お母様《かあさま》は後遺症《こういしょう》に苦しんで、「戦争はいけん！　原爆は二度といけん！」と声《こえ》を振《ふ》り絞《しぼ》るように語ったといいます。

その友人自身《じしん》も、少女《しょうじょ》の頃《ころ》から不当《ふとう》な差別《さべつ》を受《う》け、体の不調《ふちょう》にも苛《さいな》まれていました。しかし、親友《しんゆう》の真《しん》剣《けん》な励ましを受けて、立《た》ち上がったのです。

「戦争の影《かげ》に脅《おび》え、苦しんできたからこそ、誰よりも平和を願い、人の痛《いた》みに寄《よ》り添《そ》おう。韓国と日本という二つのルーツを持つからこそ、民族《みんぞく》、宗教《しゅうきょう》、文化の差異《さい》を超えて、人間として共に生きることができるのだと証明《しょうめい》しよう」と。

かつて私は、創価大学の一期生《きせい》となって学んでくれた最優秀《さいゆうしゅう》の在日韓国人の女子学生《じょしがくせい》に、こう記《しる》して贈《おく》ったことがあります。

「元来《がんらい》、人間には国境《こっきょう》などなかった。それが、いつしか人為的《じんいてき》に国境がつくられていった。

ゆえに、私共は、国境の奥《おく》の次元《じげん》の人間連帯《れんたい》に到達《とうたつ》し、生きゆくことを忘れまい」

今、韓国の十大学と交流を育《はぐく》む、わが創価大学には、はつらつと幾多《いくた》の世界市民が学んでいます。キャンパスには、留学生《りゅうがくせい》の母が贈ってくださった無窮花《ムグンファ》が咲き誇っています。

一人立つ
強《つよ》き魂
韓国に
一人を励ます
慈愛も満ちたり

韓国の児童文学家《じどうぶんがくか》・方定煥《パンジョンファン》は叫《さけ》びました。

「朝日《あさひ》よりも、さらに凛々《りり》しい勇気《ゆうき》を出《だ》そう！　暗雲《あんうん》を吹《ふ》き飛《と》ばす勇気を持とう」

嬉《うれ》しいことは、韓国の青年たちが、先輩方《せんぱいがた》の信念を受《う》け継《つ》ぎ、太陽の勇気を燃《も》え上がらせて、地域社会に大きく貢献していることです。

この五月も、私がお会《あ》いした李寿成《イスソン》元首相をはじめ各界の来賓《らいひん》が見守《みまも》るなか、ソウルのオリンピック公園体操競技場《たいそうきょうぎじょう》に二万人《まんにん》が集《つど》い、青年平和フェスティバルを盛大《せいだい》に開催しました。

「一人を大切に！」を合言葉《あいことば》に、民謡《みんよう》アリランを皆《みな》で合唱《がっしょう》するように、また、「扇《おうぎ》の舞《まい》」の花の輪《わ》を皆でつくるように、友情の大連帯を築き上げてきたのです。

忘れ得ぬ済州島《チェジュド》滞在《たいざい》の最終日《さいしゅうび》、大きな大きな虹が架かりました。虹は、嵐《あらし》の後には素晴らしい青空が来《く》るという、希望の約束《やくそく》です。虹は、多彩《たさい》な人々が和合《わごう》し、共に輝いていく、人間共和《きょうわ》のシンボルです。

韓日の未来《みらい》に、さらに大きな平和友好の虹を！

私は、そう祈り続けていきます。

わが友よ
　苦難の嵐を
　　突《つ》き抜《ぬ》けて
　歓喜《かんき》の青空
　　　虹を仰げよ

山口《やまぐち》

夜明《よあ》けを告《つ》げる開拓精神《かいたくスピリット》

（二〇一六年九月号）

今朝《けさ》もまた
今日《きょう》もさらにと
挑《いど》みゆく
たゆまぬ生命《いのち》の
宝塔《ほうとう》貴《たっと》し

「今《いま》」を生《い》きる。「今日」を生き切《き》る。

どんなに地味《じみ》でも、たゆまず流《なが》した挑戦《ちょうせん》の汗《あせ》は、金《きん》の歴史《れきし》となって結晶《けっしょう》する。人《ひと》のために蒔《ま》き続《つづ》けた励《はげ》ましの種《たね》は、すぐには結果《けっか》が出《で》なくとも、喜《よろこ》びの未来《みらい》となって咲《さ》き実《みの》る。

この確信《かくしん》を、誠実《せいじつ》な山口の友人《ゆうじん》たちと語《かた》り合《あ》いながら、友情《ゆうじょう》のスクラムを広《ひろ》げたのは、

山口・岩国の錦川に架かる木造橋・錦帯橋。1673年の創建以来、
改良や再建を経て今日まで、四季折々の彩りとともに美しい景観を形作る（著者撮影）

もう六十年前《まえ》のことになります。

下関《しものせき》市《し》、防府《ほうふ》市、山口市、岩国《いわくに》市、柳井《やない》市、徳山《とくやま》市（現《げん》・周南《しゅうなん》市）、宇部《うべ》市、萩《はぎ》市……、大好《だいす》きな山口の天地《てんち》は、いずこも、友《とも》と転機《てんき》の足跡《そくせき》を刻《きざ》んだ、忘《わす》れ得《え》ぬ故郷《ふるさと》なのです。

美祢《みね》市にある東洋随一《とうようずいいち》の鍾乳洞《しょうにゅうどう》（秋《あき》芳洞《よしどう》）に案内《あんない》してもらったこともあります。

天井《てんじょう》から一滴《いってき》また一滴としたたる水《すい》滴中《てきちゅう》の炭酸《たんさん》カルシウムが、床《ゆか》に沈殿《ちんでん》して、筍《たけのこ》のように背丈《せたけ》を伸《の》ばす石筍《せきじゅん》が立《た》っていました。数《すう》センチ伸びるのに何百年も要《よう》すると伺《うかが》いました。

なかでも、「巌窟王《がんくつおう》」と名付《なづ》けられた、高《たか》さ約《やく》八メートルの石筍は、十万年以上《いじょう》という悠久《ゆうきゅう》の時《とき》が形作《かたちづく》ったとされています。

山口育《そだ》ちの文豪《ぶんごう》・国木田独歩《くにきだどっぽ》は、「われをして此《こ》の一日を高尚《こうしょう》に勇敢《ゆうかん》に熱心《ねっしん》に、愉快《ゆかい》に送《おく》らしめよ」※1と綴《つづ》りました。

逆境《ぎゃっきょう》にも怯《ひる》まず、一日また一日、命《いのち》を燃《も》やし、ベストを尽《つ》くしていく努力《どりょく》の積《つ》み重《かさ》ねは、わが家《や》に、わが郷土《きょうど》に、巌窟王のごとく勝利《しょうり》の物語《ものがたり》を残《のこ》していくのではないでしょうか。

大《おお》いなる
　理想《りそう》の旗《はた》を
　　高らかに
　託《たく》す喜び
　　　受《う》け継《つ》ぐ誉《ほま》れよ

山口は、青年《せいねん》の力《ちから》、民衆《みんしゅう》の力、師弟《してい》の力が、大きく時代《じだい》を変《か》えることを示《しめ》してきました。

今や世界遺産《せかいいさん》にも登録《とうろく》された萩の「松下村塾《しょうかそんじゅく》」で、吉田松陰《よしだしょういん》が講義《こうぎ》を始《はじ》めて、今年《ことし》は百六十年となります。松陰は「人々貴《たっと》き物《もの》の己《おのれ》に存在《そんざい》するを認《みと》めんことを要す」※2と記《しる》しました。

自他《じた》の生命《せいめい》の内《うち》なる宝《たから》に目覚《めざ》め、そこに秘《ひ》めた力を解《と》き放《はな》っていくところに、人間教育《にんげんきょういく》の真髄《しんずい》がありましょう。

愛弟子《まなでし》の高杉晋作《たかすぎしんさく》は、師《し》の志《こころざし》たる「草莽崛起《そうもうくっき》（民衆が立ち上がること）」を継承《けいしょう》し、身《み》分《ぶん》を超《こ》えて「有志《ゆうし》の者《もの》」※3を糾合《きゅうごう》して奇兵隊《きへいたい》をつくり、日本の新《あたら》しい夜明《よあ》けを開《ひら》きました。

わが師・戸田城聖《とだじょうせい》先生《せんせい》も、よく楽《たの》しそうに、若《わか》き高杉晋作と、その妻《つま》・まさの話《はなし》をされました。そして、「新しい芽《め》は強《つよ》い。青年は新しいから強い。いつまでも、若々しい開拓《かいたく》精神《せいしん》を失《うしな》ってはならないよ」と教《おし》えられたのです。

六十年前、萩でお会《あ》いした女性《じょせい》は、心臓疾患《しんぞうしっかん》、肺結核《はいけっかく》、腎《じん》結核と幾《いく》つもの病気《びょうき》に悩《なや》みながら、二人《ふたり》のお子《こ》さんを育てていました。

そのなかで絶対《ぜったい》に負《ま》けてたまるかと、さらに生命力《せいめいりょく》を湧《わ》き出《だ》して立ち上がったのです。

それは、自分《じぶん》だけでなく、病《やまい》で悩む友を励ましながらの宿命転換《しゅくめいてんかん》の奮闘《ふんとう》でした。そして、「地域《ちいき》のお母《かあ》さん」と慕《した》われつつ、九十歳《さい》となっても、お嬢《じょう》さんと共《とも》に皆《みな》に尽くしてきました。

「自分が健康《けんこう》になり、幸《しあわ》せになれた。じゃから、苦《くる》しんでいる人に、絶対に幸せになってもらいたい。そのためには、何《なに》があっても諦《あきら》めん」と。

この世《よ》から
不幸《ふこう》をなくさむ
大志《たいし》持《も》ち
幸《さち》の開拓
心《こころ》たがやし

江戸《えど》時代の俳人《はいじん》・田上菊舎《たがみきくしゃ》（下関市出身《しゅっしん》）は、「言《こと》の葉《は》の　玉《たま》や放《はな》て　かほる風《かぜ》」「来《き》て見《み》れば　爰《ここ》も言葉《ことば》の　花《はな》の山《やま》」※4と詠《うた》いました。

人を励ます友情の言葉、苦難《くなん》に挑む勇気《ゆうき》の言葉、共々に人生哲学《じんせいてつがく》を学《まな》び合《あ》う知恵《ちえ》の言葉——それは、心を包《つつ》む薫風《くんぷう》であり、心を明《あか》るくする花です。

一九七八年、山口市で、そうした言葉に満《み》ちた友人たちの地域の座談《ざだん》の集《つど》いに、飛《と》び入《い》り参加《さんか》したことがあります。

その折《おり》、「性格《せいかく》は変わらないのか」という話題《わだい》になりました。

私は、性格は簡単《かんたん》には変わらないけれども、自分らしく輝《かがや》く個性《こせい》にできると申し上げました。

たとえば、細心《さいしん》な性格の人は、すぐ不安《ふあん》にかられる場合《ばあい》もあるかもしれない。しかし、

山口の歴史と伝統が輝く、仲良き人間家族の文化の祭典（1984年10月）

それは、周囲《しゅうい》にこまやかな配慮《はいりょ》をし、皆の長《ちょう》所《しょ》にも気《き》づくなど、前向《まえむ》きに幸福《こうふく》のチームワークを創《つく》っていく力に変えられるのではないでしょうか。

伝統《でんとう》の萩焼《はぎやき》では、作製《さくせい》の途中《とちゅう》、釉《うわぐすり》の表面《ひょうめん》にヒビが入《はい》っても、欠点《けってん》とはせず、むしろ、その器《うつわ》ならではの個性にして活《い》かすといいます。

自分自身《じしん》の生命という宝器《ほうき》にあっても、〝ヒビ〟さえも良《よ》き個性として光《ひか》らせていけるような、賢《かしこ》く朗《ほが》らかな人生でありたいものです。

「みんなちがって、みんないい」[※5]とは、長門《ながと》市出身の詩人《しじん》・金子《かねこ》みすゞの名言《めいげん》です。

また、彼女《かのじょ》は花を詠い、「つよいその根《ね》はめにみえぬ。／見えぬけれどもあるんだよ、／見えぬものでもあるんだよ」[※6]と記しました。

美《うつく》しい花は、目《め》に見えぬ根の力によって支《ささ》えられています。誰が見ようが見まいが、わが地域に幸の花を咲かせる根っこになるのだという、山口の女性の皆さんの気高《けだか》い決意《けつい》に感銘《かんめい》したことも、思《おも》い出《だ》されます。

郷土こそ
使命《しめい》の大地《だいち》と
誓《ちか》いたり
我《われ》は根となる
人華《にんげ》 咲きゆけ

山口にも画室《がしつ》を構《かま》えた水墨画《すいぼくが》の巨匠《きょしょう》・雪舟《せっしゅう》は、「山川草木《さんせんそうもく》是《こ》れ我《わ》が師なり」「みなもくぜんの景色《けしき》、画の師にて候《そうろう》」※7と述《の》べ、森羅万象《しんらばんしょう》から深《ふか》く学びました。

山口は、豊《ゆた》かな自然《しぜん》に彩《いろど》られています。

日本海《にほんかい》には荒波《あらなみ》に鍛《きた》えられた浸食海岸《しんしょくかいがん》の美《び》、瀬戸内《せとうち》には穏《おだ》やかな海《うみ》に浮《う》かぶ島々《しまじま》の美――。

「星降《ほしふ》る島」と愛称《あいしょう》される周防大島《すおうおおしま》をはじめ、天空《てんくう》に輝く星も美しい。また、地上《ちじょう》の星である「山口ゲンジボタル」の発生地《はっせいち》など、県内《けんない》の天然記念物《てんねんきねんぶつ》の数《かず》でも日本一です。

わが創価大学《そうかだいがく》の通信《つうしん》教育部出身の先生も、山口の小学校《しょうがっこう》の池《いけ》で児童《じどう》とともにホタルの飼《し》育《いく》に成功《せいこう》し、爽《さわ》やかな反響《はんきょう》を広げました。

県民歌《けんみんか》には、「海《うみ》の幸」「地中《ちちゅう》の宝」「山の富《とみ》」と謳《うた》われています。※8

日本屈指《くっし》の水揚《みずあ》げ量《りょう》を誇《ほこ》るふぐ、あまだい、あんこう、さらに、畑《はたけ》わさび、れんこんなど、食《しょく》の宝も尽きません。

とりわけ、山口県では、女性の知恵や技《わざ》が光る地域特産品《とくさんひん》を、「やまみちゃんブランド」（やまぐち農山漁村《のうさんぎょそん》女性起業統一《きぎょうとういつ》ブランド）と認定《にんてい》し、その「がんばり」「元気《げんき》」「こだわり」を発信《はっしん》しています。

命を育《はぐく》み守《まも》る女性の皆さんこそ、農漁業《のうぎょぎょう》ルネサンスの旗手《きしゅ》なのです。

母《はは》たちの
苦難に勝《か》ちゆく
笑《え》み光る
ここに 希望《きぼう》の
太陽《たいよう》 昇《のぼ》らむ

下関に、私の妻の古《ふる》くからの友人で、保育園《ほいくえん》の園長《えんちょう》をしてきた女性がいます。三十五年ほど前、夫妻《ふさい》で念願《ねんがん》の開園《かいえん》を果《は》たした矢先《やさき》に、夫《おっと》が病気で急逝《きゅうせい》しました。借金《しゃっきん》も背負《せお》い、不安に耐《た》えていた、その時、園児《えんじ》が彼女の手《て》を握《にぎ》って、心配《しんぱい》そうに顔《かお》をのぞき込《こ》み、「先生、無理《むり》しないでね」と励ましてくれたといいます。園長は「自分がもっと強くならねば。園児たちの宝の心を伸ばすのが、私の使命だ」と奮《ふる》い立ったのです。園児の成長《せいちょう》を第一《だいいち》に、保護者《ほごしゃ》の相談《そうだん》に親身《しんみ》にのり、行政《ぎょうせい》からの依頼《いらい》で地域の子育て支援《しえん》のモデル事業《じぎょう》も担《にな》ってきました。「子育て支援の先駆者《せんくしゃ》・開拓者になろう」という使命感からです。

「一人《ひとり》一人の素晴《すば》らしい芽を伸ばしたい。わが地域の未来のために、まだまだ元気にがんばりますよ」と意気軒昂《いきけんこう》です。

山口県の小・中学校は、保護者や地域の人々が学校の教育活動《かつどう》を支援する「コミュニティ・スクール」の設置率《せっちりつ》でも日本一です。地道《じみち》にして尊《とうと》い「地域教育力」のモデルが、ここにあります。

半世紀近《はんせいきちか》く前の夏《なつ》には、下松《くだまつ》市で多《おお》くの友と記念写真《しゃしん》に納《おさ》まりました。若き日の清新《せいしん》な誓いを忘れずに生き抜《ぬ》き、人生を輝かせていこうと約《やく》し合《あ》ったのです。

一九八四年の秋《あき》十月、山口市の県スポーツ文化《ぶんか》センターで、青年を中心《ちゅうしん》に山口家族《かぞく》の誇りに満ちた祭典《さいてん》が開催《かいさい》されました。

山口の民謡《みんよう》「男《おとこ》なら」「岩国ばやし」「ちょうちん音頭《おんど》」「長州《ちょうしゅう》音頭」等を歌《うた》い踊《おど》ってくれました。また、「関門橋《かんもんきょう》」を組み体操《たいそう》で築《きず》き、さらに、吉田松陰を師と仰《あお》ぐ松下村塾の高杉晋作、久坂玄瑞《くさかげんずい》などを演《えん》じ、「花の奇兵隊」の曲《きょく》に合わせて舞《まい》も披露《ひろう》してくれたのです。

この時、若人《わこうど》たちは「生命尊厳《そんげん》」を至上《しじょう》とし、歴史回天《かいてん》の幾多《いくた》の先覚者《せんかくしゃ》に続いて、「地域発展《はってん》と平和樹立《へいわじゅりつ》に向けての先駆者たることを誓う」と宣言《せんげん》しました。その誓いのままの人生を歩《あゆ》み通《とお》している信義《しんぎ》の友たちに、私は再《ふたた》び大拍手《だいはくしゅ》を送りたい思いで一杯《いっぱい》です。

山口が生《う》んだ青春《せいしゅん》詩人・中原中也《なかはらちゅうや》は、自身を鼓舞《こぶ》しました。

「人を作るものは、その人が悩まされるものに於《お》いてだ」「自《みずか》らを磨《みが》け！」「常《つね》に人は自らで耕《たがや》さなければならない！」「自分自身であれ」※9

美しい錦帯橋《きんたいきょう》が架《か》かる錦川《にしきがわ》の辺《ほとり》でも、若き友と語り合いました。錦帯橋は、たびたびの洪水《こうずい》に挑み続けて堅牢《けんろう》に建設《けんせつ》された、日本を代表《だいひょう》する木造橋《もくぞうきょう》です。

今、私が見守る若き丈夫《ますらお》たち、花燃ゆる乙女《おとめ》たちも、人間関係《かんけい》の悩みや、職場《しょくば》での行き詰《づ》まりなどの苦難と闘《たたか》い、それを乗《の》り越《こ》える希望の橋《はし》を架け、社会に貢献《こうけん》しゆく青春の道《みち》

日本最大の石灰岩台地・秋吉台。波打つような緑の上を、
秋風が吹きわたり、ススキの穂がゆれる（著者撮影）

を進《すす》んでいるのです。

山口の天地に、混迷《こんめい》の時代の夜明けを告《つ》げる新《あら》たな開拓の力が漲《みなぎ》っています。

先駆《さきが》けて
　新たな夜明けを
　　開かむは
　山口なりと
　　若人《わこうど》　輝け

引用・参考文献

青森

※1　青森県庁ホームページ、「郷土に関する意識調査」（平成24年度）等の結果を参照
※2　『北畠八穂人生随筆　すばらしいこと』実業之日本社
※3　『日本の名著19　安藤昌益』（野口武彦　責任編集）中央公論社、『安藤昌益全集　第10巻　統道真伝　人倫巻』（安藤昌益研究会　編集・執筆）農山漁村文化協会、安藤昌益資料館ホームページを参照
※4　『七戸町史』（七戸町史刊行委員会　編集）七戸町を参照
※5　『羽仁もと子著作集第七巻　悩める友のために（下巻）』婦人之友社
※6　『大塚甲山遺稿集　第一巻　詩集「蛇蜕」』（大塚甲山遺稿集編纂委員会　編纂）上北町文化協会を参照
※7　『パンドラの匣』、『太宰治全集第七巻』所収、筑摩書房
※8　棟方志功著『板極道』中央公論新社
※9　『棟方志功　ヨロコビノウタ』（棟方板画美術館編）二玄社
※10　佐々木紀人著『佐々木多門伝　世界と戦った風雪の英語人』（佐々木慶紀　監修）東奥日報社

メキシコ

※1　ソル・フアナ・イネス・デ・ラ・クルス著「神聖なるナルシソ」中井博康訳、『スペイン黄金世紀演劇集』（牛島信明編訳）所収、名古屋大学出版会
※2　オクタビオ・パス著『弓と竪琴』牛島信明訳、岩波書店
※3　『岩波アート・ライブラリー　フリーダ・カーロとディエゴ・リベラ』（イサベル・アルカンタラ／サンドラ・エグノルフ解説、岩崎清訳）岩波書店
※4　ゲリー・スーター著『美の20世紀⑭　カーロ』（山梨俊夫監訳・小野寺玲子訳）二玄社
※5　加藤薫著『メキシコ壁画運動　リベラ、オロスコ、シケイロス』平凡社

※6　八杉佳穂著「マヤとアステカのことわざ」、『世界ことわざ大事典』（柴田武・谷川俊太郎・矢川澄子編）所収、大修館書店

和歌山

※1　『古今和歌集　新編日本古典文学全集11』（小沢正夫・松田成穂 校注・訳）小学館
※2　辻達也著『人物叢書 新装版　徳川吉宗』日本歴史学会編、吉川弘文館
※3　大石学著『日本史リブレット人051　徳川吉宗　日本社会の文明化を進めた将軍』山川出版社
※4　PHP総合研究所編著『エピソードで読む松下幸之助』PHP研究所
※5・6　『作家の自伝109　有吉佐和子』宮内淳子編解説、日本図書センター
※7　佐藤春夫著『春夫詩抄』岩波書店。現代表記にあらためた
※8　『作家の自伝12　佐藤春夫』鳥居邦朗編解説、日本図書センターを参照
※9　香川綾・香川芳子著『香川綾の歩んだ道――現代に活きる実践栄養学』女子栄養大学出版部
※10　『東くめ唱歌集――関西児童文化史叢書・7』山崎千恵子編、関西児童文化史研究会

三重

※1　『笈の小文』久富哲雄校注・訳、『松尾芭蕉集2　新編日本古典文学全集71』所収、小学館
※2　『しおさい文庫〈2〉　真珠王ものがたり』乾淳子編、伊勢志摩編集室
※3　御木本隆三著『御木本幸吉』時事通信社
※4　麻生磯次・冨士昭雄著『西鶴織留　決定版　対訳西鶴全集14』明治書院
※5　荒田弘司著『江戸商家の家訓に学ぶ　商いの原点』すばる舎
※6　後藤隆之著『伊勢商人の世界』三重県良書出版会を引用・参照
※7　古賀勝次郎著『猪飼敬所・斎藤拙堂・土井聱牙――伊勢儒学の伝統』、『日本地域文化ライブラリー4　伊勢の歴史と文化』（早稲田大学日本地域文化研究所編）所収、行人社を引用・参照。現代表記にあらためた

※8　髙橋俊人著『築港の偉傑　稲葉三右衛門』日本出版社
※9『尾崎咢堂全集　第十巻』尾崎咢堂全集編纂委員会編、公論社。ルビは編集部による

カナダ

※1・2　ケイト・ブレイド著『野に棲む魂の画家　エミリー・カー』上野眞枝訳、春秋社
※3　L・M・モンゴメリ著『完全版・赤毛のアン』山本史郎訳、原書房
※4・5　ルネ・シマー／ギー・ブルジョ／池田大作著『健康と人生——生老病死を語る』、『池田大作全集　第百七巻』所収、聖教新聞社を引用・参照
※6・7　ガブリエル・ロワ著『カナダの文学⑤　わが心の子らよ』真田桂子訳、彩流社

静岡

※1　井上靖／池田大作著『四季の雁書　往復書簡』、『池田大作全集　第十七巻』所収、聖教新聞社
※2　穂積忠著『歌集　叢』白玉書房
※3　穂積忠著『歌集　雪祭』八雲書林。現代表記にあらためた
※4『芹沢銈介全集　第廿九巻』中央公論社
※5　御手洗清著『土の偉人　金原明善伝』（現代語訳監修　加藤鎮毅）東洋印刷株式会社　タンハマ編集部
※6　水野定治著『天龍翁金原明善』積文館
※7　岡谷繁実著『名将言行録』江崎俊平訳編、社会思想社
※8　西周著『百一新論』、『日本の名著34　西周　加藤弘之』（責任編集　植手通有）所収、中央公論社を参照
※9　徳富健次郎著『みみずのたはこと（上）』岩波書店
※10『木下杢太郎随筆集』岩阪恵子選、講談社

韓国

※1『朝鮮童謡選』金素雲訳編、岩波書店

※2　「序詞」、『尹東柱全詩集　空と風と星と詩』（尹一柱編・伊吹郷訳）記録社発行、影書房発売
※3　李光洙著『至誠、天を動かす』（興士団出版部編・具末謨訳）現代書林
※4　趙文富／池田大作著『人間と文化の虹の架け橋』、『池田大作全集　第百十二巻』所収、聖教新聞社

山口

※1　国木田独歩著『欺かざるの記―下』塩田良平編、潮出版社
※2　吉田松陰著『講孟劄記（下）』近藤啓吾全訳注、講談社
※3　一坂太郎著『高杉晋作の手紙』新人物往来社
※4　上野さち子編著『田上菊舎全集　上』和泉書院。体裁は編集部で整えた
※5　「わたしと小鳥とすずと」、『金子みすゞ童謡集　わたしと小鳥とすずと』矢崎節夫選、JULA出版局
※6　「星とたんぽぽ」、前掲『金子みすゞ童謡集　わたしと小鳥とすずと』
※7　沼田頼輔著『画聖雪舟』論創社
※8　「山口県民の歌」（作詞・佐藤春夫／作曲・信時潔）、山口県ホームページを参照
※9　『新編　中原中也全集　第五巻　日記・書簡　本文篇』（大岡昇平・中村稔・吉田凞生・宇佐美斉・佐々木幹郎編）角川書店

池田大作　いけだ・だいさく

創価学会名誉会長。創価学会インタナショナル（SGI）会長。
1928年、東京生まれ。創価大学、アメリカ創価大学、創価学園、
民主音楽協会、東京富士美術館、東洋哲学研究所、
戸田記念国際平和研究所、池田国際対話センターなどを創立。
「国連平和賞」を受賞。世界の大学・学術機関から390を超える名誉学術称号を受ける。
『人間革命』（全12巻）、『新・人間革命』（全30巻）、
エッセー集『ハッピーロード』をはじめ著書多数。
『二十一世紀への対話』（A・J・トインビー）、
『二十世紀の精神の教訓』（M・S・ゴルバチョフ）、
『母への讃歌 詩心と女性の時代を語る』（サーラ・ワイダー）等、対談集も多い。

本書は、月刊誌『パンプキン』に掲載された「忘れ得ぬ旅　太陽の心で」
（2014年7月・8月号、2015年7月・10月・11月号、2016年5月・7月・9月号）を
再構成し、収録したものです。
肩書等は、掲載時のままとしました。

忘れ得ぬ旅
太陽の心で　第5巻

2021年11月18日　初版発行
2021年11月25日　2刷発行

著者　池田 大作
発行者　南 晋三
発行所　株式会社　潮出版社
〒102-8110
東京都千代田区一番町6　一番町SQUARE
電話　03-3230-0781（編集）
03-3230-0741（営業）
振替口座　00150-5-61090
印刷・製本　凸版印刷株式会社

ISBN978-4-267-02105-3 C0095

http://www.usio.co.jp/